CARLO G. GABARDINI

UNA STORIA COMUNE

SANPA: IO, NOI, TUTTI.

HarperCollins

ISBN 979-12-5985-016-4

Questo è un libro che tratta prevalentemente di una storia vera in cui la maggior parte degli avvenimenti e delle esperienze descritti è vera ed è stata riportata fedelmente come l'autore la ricorda o come gli è stata riferita da persone presenti ai fatti. Le testimonianze riportate nell'opera non hanno pretesa di veridicità e sono scevre da opinioni dell'autore. In alcuni casi, tuttavia, i nomi e le caratteristiche che permetterebbero l'identificazione delle persone coinvolte sono stati cambiati per tutelare la loro privacy, e alcuni fatti sono sintetizzati per esigenze narrative. In altri casi alcuni personaggi del libro sono frutto dell'immaginazione dell'autore, ma calati in un contesto verosimile allo scopo di dare alla narrazione un senso di realtà e di autenticità.

Prima edizione HarperCollins
febbraio 2022

FSC
www.fsc.org
MISTO
Carta da fonti gestite
in maniera responsabile
FSC® C021883

a chi non ce l'ha fatta a raccontarla
e ai custodi di memorie

Nessun uomo è un'isola, sufficiente a se stessa; ogni uomo è un pezzo del continente, una parte del tutto; se una zolla venisse portata via dal mare, l'Europa si rimpicciolirebbe, come se quella zolla fosse un promontorio, o la casa di amici, o casa tua; la morte di ogni uomo mi diminuisce, perché io faccio parte dell'umanità. E quindi non chiedere mai per chi suona la campana; suona per te.

JOHN DONNE

Siamo qui, soli e delusi,
a confondere quello che sei dentro quello che usi.
Ma com'è, ma cos'è?

VASCO ROSSI

«Carlopepe, vieni via, quello è un drogato. Un morto che cammina. Se ti droghi finisci così anche te, capito? La droga mai. Ricordatelo. Mai!»

Mio padre nel cesto delle offerte in chiesa metteva cinquemila lire, e io mi aspettavo sempre ci fosse il resto e invece erano proprio "a fondo perduto", come imparai anni dopo che si doveva dire; ai mendicanti dava duemila lire anche durante quegli anni in cui la singola banconota tutta d'un pezzo si trovava pochissimo e ovviamente io le collezionavo, perché colleziono tutto; alle donne bisognose, specie se con figli, anche tremila; ma ai drogati mio padre non dava neanche cento lire, nemmeno cinquanta. Mi tirava via, se riusciva frapponeva rapido il suo corpo fra me e il tossico con passo elegante ma risolutivo. Il giudizio, mai espresso in presenza del diretto interessato, era: «Te la sei cercata, l'hai voluto tu». Ma subito con vergogna per disabitudine alla spietatezza.

E tanta paura. No. Non paura. Angoscia.

IO
(PRIMA)

1

La chiamata

Gianluca mi scrive che facciamo prima *SanPa*. Non so se esserne contento. Stiamo lavorando su un'altra storia con l'idea di produrre un documentario. Anzi: una docuserie. È il formato giusto perché la vicenda si mostra sempre più intricata e anche solo il numero di colpi di scena sarebbe sprecato se non indigesto in un unico lungo episodio. È un crime puro. Una storiaccia che lentamente si mangia un intero paese fra sospetti, false piste e con la macchina della stampa che soffia sul rogo, senza nessuna pietà. Ma è un caso aperto con processi e colpevoli o presunti tali in carcere da anni, dunque anche solo il fatto di non voler assistere inermi a ciò che sembra un'ingiustizia mi pare un'ottima giustificazione di base per decidere di indagare la storia e ammettere l'urgenza di raccontarla.

Ma *SanPa*? Perché occuparsi della storia della comunità di recupero di San Patrignano? Perché raccontarla oggi?

Rispondo a Gianluca che immagino il nostro incontro resti invariato, cambi solo l'argomento della riunione. Mi scrive: "Già modificata descrizione in Calendar, bastava rispondere sì alla mail di conferma".

Non ho mai ben capito come si porti a termine questa operazione e soprattutto nella scelta "no, sì, forse" mi è davvero impossibile non preferire il terzo stato, l'incertezza, il boh. Da qui all'appuntamento potrebbe accadere qualunque cosa, mettere in forse la mia partecipazione mi sembra addirittura un atto dovuto di onestà minima. Ma nessuno apprezza, mai.

Non mi pare il momento della polemica quindi mi limito a reagire con un sorriso; in fondo invidio a Gianluca questa fiducia cieca nella tecnologia, la sua insistenza a sfruttarla ogniqualvolta possa abbreviare i tempi, fosse anche di un solo secondo al giorno, per lui trattasi comunque di miglioria. «Un secondo al giorno fa trecentosessantacinque all'anno, sei minuti e cinque secondi di risparmio; ogni secolo ti avanzerebbero più di dieci ore libere per te» chioserebbe, inattaccabile.

«"E in quelle dieci ore, sicuro, pioverà!" direbbe Woody Allen.»

Il rapporto fra noi è così: io adoro il suo essere nerd a livelli altissimi e professionali, lui non si stanca mai di spiegarmi nemmeno come si cancella la cronologia delle ricerche o come si converte un word in pdf. Che è un po' come avere a cena uno chef stellato e chiedergli di scegliere solo la giusta quantità di sale da mettere nella lavastoviglie.

Gianluca mi accudisce come uno "da non lasciare troppo indietro" e lo apprezzo, zoppicando.

Siamo amici da quasi vent'anni e infatti il suo primo messaggio di oggi non mi coglie impreparato. Abbiamo parlato spesso in passato della comunità per tossicodipendenti di San Patrignano e di Vincenzo Muccioli, il suo fondatore. È un argomento che tiriamo fuori soprattutto per stupirci di un fatto: che questa storia gigantesca non sia mai stata raccontata. Eppure era sulla bocca di tutti, sui giornali nazionali e locali, era argomento di discussione accesa al bar, in tv, a tavola coi genitori. Tutti ricordiamo qualcosa, nessuno sa ricostruirla per intero. Tutti ricordiamo da che parte stavamo, quando accaddero i fatti. Perché furono più di uno, e ciascuno di questi mutò o complicò qualsiasi giudizio successivo.

Io alla fondazione di San Patrignano avevo solo cinque anni, ma alla morte di Muccioli quasi ventidue. Certo che ricordo il 1995.

E poi c'era *Cuore*, settimanale di resistenza umana: fogli verdi di carta di giornale zeppi di satira, politica, cazzate, indignazione, vignette, inchieste – un *Charlie Hebdo* nostrano, si potrebbe sintetizzare sfruttando la sciagurata fama della rivista parigina dopo l'attentato del 2015 –, che si comprava in edicola e a una parte di noi dava la sensazione che ci spiegasse lo schifo del mondo senza perdere l'ironia. Fu *Cuore* che nel marzo del 1991 titolò: «Scatta l'ora legale, panico tra i socialisti», per fare un esempio di satira sul dilagare della corruzione. Avevo diciassette anni, risi per due giorni di fila. Ancora oggi, ogni ultima domenica di marzo, al solo pensiero di dover spostare avanti le lancette, mi scappa un sorriso nostalgico.

In quella parte centrale degli anni Novanta, quando io e Gianluca ancora non ci conoscevamo, lui giovanissimo lavorava nella redazione di questo settimanale e aveva assistito alla pubblicazione di sconvolgenti testimonianze del processo contro Muccioli e di gigantesche vignette a tutta pagina che lo ritraevano come un demonio. «Tutto pronto all'inferno per l'arrivo di Muccioli» fu il durissimo titolo in copertina tre giorni prima della morte di Vincenzo.

Ogni volta che per un motivo o per l'altro si finiva a discorrere di questo argomento, la questione era come mai nessun giornale importante avesse fornito quei particolari. Stiamo parlando di testimonianze, non di pezzi di satira o di fantasiose ricostruzioni; stiamo parlando di materiale scottante per qualsiasi testata.

Tipo l'ex tossico ed ex collaboratore di Muccioli, Roberto Assirelli, che dichiara: «A me Vincenzo chiese perfino se non si potesse tecnicamente sistemare una telecamera nascosta per vedere come si comportavano i tossici dentro la cabina elettorale». Oppure, sempre virgolettati pubblicati: «Un ragazzo di Torino ingoiò varechina per farsi portare all'ospedale di Rimini e da lì scappare. Ma non ci arrivò mai. Lo curarono facendogli bere litri di latte a suon di schiaffi»; «Le ragazze venivano chiuse nude o seminude e poteva succedere di tutto. Spesso erano loro stesse a "prostituirsi" pur di farsi benvolere»; «La magnanimità di Muccioli aveva aiutato Olindo a risolvere il complesso del brutto naso. Per aiutarlo a disintossicarsi gli aveva regalato un naso nuovo. Ma un giorno il Santone lo beccò mentre stava lamentandosi di qualcosa. Due sganassoni non sono bastati. Le manone del grande Padre lo afferrarono per il collo, lo alzarono in alto e lo sbatterono contro lo stipite di una porta. Olindo diventava viola e si giustificava. Vincenzo continuava a sbatterlo contro la porta. E urlava: "Il tuo nasino io te l'ho dato e io te lo tolgo!"».

Impossibile non chiedersi perché. Per quale motivo una storia di questa portata veniva raccontata solo da un foglio di satira che per volontà del suo direttore aveva deciso di occuparsi anche d'inchieste? Non dovrebbe di per sé significare qualcosa, il fatto che nessun altro ebbe il coraggio di pubblicare il dossier che venne recapitato anche a giornali ben più autorevoli?

Poi spesso qualcuno aggiungeva notizie o brandelli di notizie, per cui si intuiva o fantasticava che fu proprio questo sgarbo il motivo cardine della chiusura definitiva del giornale "anarchico" del nostro cuore. Qualcuno aveva storto il naso, il direttore aveva dovuto rispondere; in effetti *Cuore* poco dopo chiuse per sempre i battenti lasciando un vuoto. Di sicuro lasciò una voragine in almeno due generazioni di autori, perché posso testimoniare che in minimo quindici riunioni l'argomento, o il sottotesto taciuto ma risaputo, era sempre e comunque: dovremmo rifare un settimanale di resistenza umana. E non sono stati proposti solo progetti online in questi vent'anni, giuro, passammo anche per il più classico: «Ma vuoi mettere l'odore della carta? E poi quel verdino?!».

Il fatto che aver raccontato, o tentato di raccontare, o ironizzato con pesantezza su Muccioli e Sanpa, fosse stato sufficiente, o forse solo una concausa, per la chiusura di un'esperienza così memorabile come *Cuore* era di solito la conclusione di queste nostre sporadiche ma ben distribuite chiacchiere sulla comunità e il suo fondatore. Come a sintetizzare in forma di monito: sì, vero, è una bella storia, ma non ce la faranno mai raccontare, guarda quello che è successo a *Cuore*.

«Avrebbe chiuso lo stesso» diceva qualcuno.

«Questo io non lo so e soprattutto non sono interessato a scoprirlo» rispondevano in molti.

Insomma, questo ciclico distillato di gocce andava a farsi pozza – che poi diventerà vaso prima di traboccare – un po' torbida, l'acquitrino di una storia più grossa di quello che potevamo immaginarci. E dunque, per deformazione professionale e per curiosità congenita, una storia che forse, prima o poi, con i mezzi giusti, sarebbe davvero importante e bello recuperare e poi raccontare. Così ci si diceva. O si pensava senza stare a dirlo.

E si fantasticava: però stavolta tutta. Dall'inizio alla fine. Senza censure. Senza dover compiacere nessuno, senza reticenze, senza vergogna, senza troppe gentilezze. Senza telefonate che arrivano da chissà che piano e preferirebbero di no; quelli che ti dicono: «La gente non capirebbe, fidati di noi». Quelli che *loro* non vogliono imporre nulla ma ci tengono ad affermare la decisa contrarietà e il grosso dispiacere che ne deriverebbe se questa cosa si dovesse fare, un dispiacere che non potrà rimanere senza conseguenze e... voi capite che noi sappiamo chi siete.

E certo che noi capiamo, non siamo mica stupidi. Si intendono al volo quelle voci anonime che chiedono: perché proprio un documentario? Perché proprio questa comunità? E poi perché proprio oggi dopo così tanto tempo? La gente non vuole ricordare, non vuole sapere, non lo sapete? Ma con tutte le storie che ci sono perché fissarsi su questa? E al dolore degli ospiti attuali non ci pensate? Perché rivangare il passato?

Me lo immagino, Gianluca, per cui il campionato "fare qualcosa per primo" è un hobby irrinunciabile, che di fronte agli americani deve aver pensato: carissimi, ho una storia osteggiata qui in Italia che possiamo raccontare solo se a produrla sono degli stranieri con le spalle così larghe da non farsi intimidire. Che ne dite?

Loro han detto sì, lui ha incassato la vittoria e mi ha scritto: "Facciamo prima *SanPa*".

2

Il desiderio

Mica lo so se ho voglia di scrivere un documentario. In certi momenti mi sembra quasi che non desideri nemmeno chiedermelo. Ho già iniziato un quaderno. Il passaggio da fogli sparsi a quaderno dedicato è sempre un punto cruciale in qualsiasi progetto, per me. Ma l'ho cominciato sulla docuserie sbagliata. Sulla storiaccia crime.

Dunque, ora la domanda è se iniziare un quaderno per *SanPa* o se attendere la prima riunione prendendo appunti preparatori su fogli volanti. Nel tempo, conoscendo questo dilemma e amando molto le volte che per errore ho iniziato taccuini su progetti arenati poco dopo, ho trovato quaderni molto economici – devono stare sotto l'euro, se possibile sotto il mezzo euro, le mille lire di una volta, ed essere di cartaccia strariciclata – e ne ho accumulati un numero importante. Molto meno di «un armadio pieno», come sostiene fazioso il mio amore. Sono in realtà giusto sufficienti perché la scelta sia libera da pensieri di carattere economico o ecologico. Quindi non ci metto molto a raggiungere l'armadio, constatare, anche a conferma vostra, che contiene palesemente anche altri oggetti di cancelleria – rendendo tecnicamente impossibile affermare che ci sia un armadio colmo di soli quaderni –, afferrarne uno, mettermi al tavolo, aprirlo, scriverci in prima pagina SANPA col pennarello, lasciare una pagina bianca libera, compilare su quella successiva in alto a destra la data. E iniziare a studiare sapendo dove annotare dubbi, certezze, ipotesi, affermazioni, domande, quel che viene, quel che trovo, ciò che penso.

Senza voler strafare, inizio a leggere qualunque cosa che parli di Muccioli e di San Patrignano, che siano articoli, interviste, brani di libri, libri interi, video su YouTube, testimonianze di chi l'ha conosciuto, amici, nemici, commentatori. E prendo appunti. E poi sintetizzo. E poi ricopio solo i titoli e i virgolettati. E aggiungo spunti. E costruisco un mosaico che in realtà andrò a rimaneggiare di continuo, perfezionare, rimontare, precisare, riscrivere dall'inizio. E lo farò fino all'ultimo giorno di lavorazione. Una mappa mai sazia di indagare anche zone inesplorate.

3

Una mappa

Vincenzo Muccioli.

Un santo. Il demonio.

Sono solo dicerie.

È nato nel 1934, a Rimini. Figlio primogenito di un assicuratore. Più che un vitellone era un farfallone. Suo fratello Piero era bravo a scuola, lui una zappa, ma alla fine è il piccolo, il geologo, che va a stipendio da Vincenzo, hai capito? Andava più d'accordo con la mamma, col papà non si prendeva. Vincenzo ha fondato il cenacolo, faceva le sedute spiritiche, parlava per voce del Raggio Cristico. È lì che ha conosciuto i Moratti. I Moratti arrivano molto dopo. Non ha mai fatto l'università, anche perché non ha finito il liceo. Ha sposato Antonietta che aveva un albergo, che aveva un podere a San Patrignano. Una volta si è mangiato una cambiale in banca, allo sportello: niente cambiale, niente pagare! È un uomo che ha stomaco, oltre a un bel po' di pelo sopra. Ha avuto due figli. Ha avuto migliaia di figli. C'è chi è vivo grazie a lui. Molti sono morti. È un santone. Ha salvato vite umane. Si faceva le stimmate per finta, per impressionare. È un truffatore. Nel 1979 ha fondato San Patrignano, una comunità per tossicodipendenti intenzionati a smettere con la droga. Era il 1978. Educava drogati. Ha fondato la più grande comunità di recupero per tossicodipendenti d'Europa. Vincenzo è alto uno e novanta, pesa cento e passa chili e arriverà a pesarne centonovanta, un chilo a centimetro. È un omone. Un vocione. Uno sguardo che trapassa l'aria. Ti attraversa. Ti legge. Sei trasparente per lui. Muccioli sa tutto. È caldo. Accogliente. Le donne gli piacciono poco. Andava in stazione a parlare coi tossici, per capire perché; è iniziata così. Ha visto una generazione distruggersi con l'eroina e ha deciso che bisognava fare qualcosa, reagire. Lo Stato non faceva nulla per i tossicodipendenti, c'era solo Vincenzo Muccioli. È stato un pioniere. Un allevatore di polli, cani, maiali, vacche, cavalli, questo era. Ha raddrizzato tossici. Ma quali soldi, che Sanpa è sempre stata totalmente gratuita?! Nessun ospite pagava. Sarebbe potuto diventare ricchissimo e ha regalato ogni proprietà alla fondazione che è dei tossici stessi, appartiene a loro. Li faceva lavorare, 'sti poveri ragazzi, finché il lavoro non li rendeva liberi. L'educazione è crudeltà. Finché erano quattro o cinque è un conto, ma se cominciano a essere venti, è ovvio che volano gli schiaffoni. Se poi diventano duemila, anche la violenza si moltiplica e le regole devono cambiare. Si discuteva intorno al fuoco, parlargli era trasformare il casino che avevi in testa in qualcosa di simile a un percorso o che comunque ti faceva venire voglia di provarci. Dormiva nella mansarda con ventitré tossici e parlava con ognuno di loro. Era violento, urlava, esagerava. Il patto per smettere era che se te ne volevi andare lui ti tratteneva, in qualunque modo, partendo dalle parole e arrivando alle catene. Era un sequestratore. Cosa non ti è chiaro dell'espressione "patto"?! Un martire che non si è fermato davanti a nessuno, era. I carabinieri hanno visto solo le catene, gli stanzini, la merda di topo e hanno arrestato tutti senza capire niente. Gli han puntato la canna del mitra alla tempia e per svegliarlo gli hanno detto: «Alzati, stronzo!». Dovevano buttare la chiave, altro che farlo uscire dopo un mese. Trentatré giorni di carcere si è fatto, assieme ai suoi collaboratori, per salvare i drogati; anche solo per questo dovrebbero fargli una statua. Trentatré giorni, come Cristo! No, veramente quelli di Cristo sono gli anni. Il processo fu un evento: cameramen, folla, le mamme dei tossicodipendenti fuori a urlare, la prima pagina ogni santo giorno, la radio, la tv, le domande per strada; abbasso le catene! Evviva le catene! Ma lo volete capire o no che se condannate Muccioli noi tossici siamo tutti morti?! Ci volete tutti morti?! Perde il primo grado del processo ma si porta a casa l'opinione pubblica. Sì, ha usato le catene perché non c'era nient'altro da fare. Stato di necessità. Con la prima condanna, Sanpa esplode: quelli che volevano smettere con la roba hanno pensato che forse c'era un posto al mondo anche per loro. Muccioli sa parlare, convincerebbe anche un sasso a galleggiare. È ipnotico. Ha gli avvocati migliori, di Milano. Muccioli dopo il processo è l'uomo più conosciuto d'Italia. L'ha detto anche Mike Bongiorno, lo dice anche Pippo Baudo. Poco tempo dopo è diventato il più potente. Ai cancelli di Sanpa centinaia di persone aspettavano anche solo un suo gesto, una parola, una benedizione: col sole, con la neve, sottozero nei sacchi a pelo e nelle automobili, file e file di tossici accompagnati dai genitori. I drogati bisognerebbe ammazzarli tutti! Se li vuole prendere Muccioli, faccia pure. Aveva la jeep. Girava sempre con la Land Rover verde. Non mi faceva paura, era Dio che salutava dalla jeep. Abbracciava. Baciava. Baciava sempre sulla bocca. Mangiava a tavola con noi ogni giorno. In mensa, prima del pasto, faceva un discorso: tutti e mille lo ascoltavano muti, per ore, non volava una mosca. Non si muove foglia che Muccioli non voglia: decideva tutto lui. Venivamo da tutta Italia, da tutta Europa. Per un tossico entrare a Sanpa era come per un intellettuale entrare alla Sorbona. Da quando l'ho incontrato non mi sono mai più fatto. Dalla comunità non usciva o entrava lettera senza essere stata letta riga per riga e vagliata. Tutte le telefonate venivano registrate, in uscita e in entrata. Se leggi prima il diario di una ragazza e poi vai a dirle: «Secondo me sei depressa perché tuo padre non ti considera all'altezza di tua sorella Francesca», non è che sei un veggente e nemmeno uno psicologo e neanche un medium. È un cialtrone. Vincenzo aveva davvero dei poteri superiori, lui capiva, non c'entra niente la successiva mania di controllo, lui sapeva prima. Era sempre in tv ma era una brava persona. Era un padre deciso, assertivo, difficile da convincere. Cattivo. Sapeva esser duro come il cemento armato, ma anche dolce, comprensivo, non ho mai visto nessuno perdonare così tanto. Nell'85 due terzi degli ospiti erano sieropositivi. Vincenzo non si drogava. Vincenzo beveva. Le catene divennero contenzione, lui ti chiudeva e lì dentro capivi chi eri oppure impazzivi. Per Muccioli la donna è geneticamente caratterizzata dall'egoismo. Era più gentile con gli uomini che con le femmine, ma ha salvato gli uni e le altre. Ognuno aveva il suo lavoro e lo faceva con passione, perché Vincenzo ci faceva arrivare in cima, ci occupavamo di eccellenze, mica infilavamo perline come carcerati: il miglior vino, i migliori cavalli, la carta da parati che compravano anche i Rothschild per metterla in America. Era un megalomane. Quando la sua creatura è cresciuta troppo non è più stato in grado di governarla. Era gay?, e allora? Ti faceva il "solepiatti" da dietro, con due mani, forte sulle orecchie, come nella réclame del detersivo; un botto, il vuoto, uno scoppio sui timpani. Il solepiatti è un male che non scordi; e se ti esplode il timpano poi non ci senti nemmeno più, è successo. Era manesco, e se hai due badili al posto delle mani, si nota maggiormente. Il "ciocco" era una sgridata pubblica, poteva durare ore, era devastante per chi stava sotto. I ciocchi son botte dalle quali non ci si riprende più oppure ci si riprende per sempre, come una seconda nascita. Come l'elettroshock. Il ciocco raddrizzava il cioccato ma allo stesso tempo rafforzava la comunità nelle proprie convinzioni, era rito collettivo. I Moratti venivano ogni weekend e alle feste comandate; arrivavano in elicottero o con l'autista, ma poi mangiavano con noi per tutto il fine settimana: sia Letizia sia Gian Marco. Sapeste il bene che ha fatto Letizia Moratti qui, non parlereste in questa maniera; come sindaco magari ha fatto malissimo, ma San Patrignano è la sua opera. Il problema è l'emulazione: se tu guarisci con gli schiaffi, poi i malati che diventeranno medici daranno schiaffi pure loro. Vincenzo è omeopata. Guru. Ha costruito con le sue mani dentro Sanpa il miglior ospedale specializzato nella cura dell'AIDS. Ma non poteva! Mi ha salvato la vita, sai a me che mi frega delle autorizzazioni e delle beghe col ministero della Salute? Io a Vincenzo devo la vita. Il delirio di onnipotenza è una brutta bestia. Le mamme lo adorano: come il marito che non sono riuscite a trovare, come il padre che vorrebbero per i loro figli in disgrazia. Quando la comunità ha iniziato a crescere ha perso la testa. Aiutava chiunque. Gli piaceva mangiare e bere. Concedeva a tutti dieci sigarette al giorno, anche quelle gratis. Non credeva nel metadone, nella psichiatria, nella psicologia. Credeva moltissimo in sé stesso. Credeva molto nei tossici e nel potere del riscatto. I Moratti ci hanno messo centinaia di miliardi di vecchie lire, e pagano ancora oggi cifre alte ma in euro. Decideva lui se due potevano fare l'amore lì dentro, e non era mai prima di sei mesi di soli sguardi a distanza. Per qualunque cosa si faceva la domandina. Come in carcere. Ci sapeva fare con l'addestramento. Un maestro. Rideva. Sapeva ridere. Sapeva parlare di tutto. Quando si arrabbiava volavano certi pugni. Non aveva più limiti: le persone piangevano anche solo per poterlo toccare, lui nella sua villa di Sanpa aveva un parco con le tigri e ha contribuito a scrivere la più terribile legge contro la droga di questo Paese. La Vassalli-Jervolino è la legge che dice che è reato non solo venderla ma anche drogarsi: così hanno buttato in carcere mezza generazione. La galera per uno spinello, complimenti! A San Patrignano la terapia era Vincenzo. Ma cosa vuoi fare da solo con duemila drogati?! C'è scappato il morto. Un morto in dieci anni in una città di duemilacinquecento persone? Solo uno? È un miracolo. Muccioli è un assassino. Ha delegato alle persone sbagliate. Lui nemmeno sapeva. Ma figurati se era frocio, dài, questa è gente che gli vuole male! Muccioli è sempre in televisione a difendersi. Qualcuno ha preso il cadavere e l'ha mollato a seicento chilometri di distanza, in una discarica vicino a Napoli, avvolto in una coperta a Terzigno. Sulla coperta c'è il logo di Sanpa. Ci vorranno anni per collegare l'omicidio alla comunità. Ma certo che è colpa sua, e di chi, sennò? Tutti volevano una foto con Muccioli, tutti i politici, i giornalisti, i calciatori, chiunque! Ma solo fino al secondo processo, lì lo hanno abbandonato. La porcilaia era la cayenna di Sanpa. Vincenzo sapeva tutto fin dall'inizio, non si muove foglia. Il processo Maranzano lo ha ucciso. Gli è venuto un male dell'anima. L'hanno voluto fermare perché era scomodo e dava fastidio. Complotto. I suoi nemici sono sempre state le due Chiese: quella bianca e quella rossa; nessuno gliel'ha mai perdonata. La Chiesa e i comunisti c'hanno provato in ogni modo, ma Muccioli non è mai stato condannato al termine dei processi. Ci sono centinaia di persone che sono vive perché lui le ha salvate, sopravvissuti che gli vogliono bene e che sono disposti a parlare. Il problema è che non possono parlare i morti. C'è stato anche lo studio scientifico che ha decretato oltre il settanta per cento di guarigioni: è pubblicato. Aveva i suoi gusti e gli piacevano i tossici. Lo studio scientifico è una bufala, il campione l'ha indicato Sanpa, contavano gli ingressi invece delle persone: se uno entrava dieci volte, se si disintossicava segnavano dieci guarigioni. Dopo essere arrivato a centonovanta chili ha cominciato a dimagrire, ma ci ha messo un po', non se n'è accorto nessuno per un botto di tempo. Prendeva le medicine retrovirali, credo. Sanpa si è chiusa a riccio su Vincenzo: o con noi o contro di noi, perché Vincenzo Muccioli non può sbagliare, mai! È morto per far sì che la sua creatura vivesse.

Sanpa c'è ancora oggi. I frutti non cadono mai troppo lontano dall'albero. Nel 1995, con la morte di Vincenzo, è cambiato tutto. Amava più la comunità di sé stesso. Lui viene sepolto lì, nel cimitero di San Patrignano, anche se poi nel 2012 hanno spostato la salma: lo spirito di Muccioli è e sarà sempre nella vigna del Signore sulla collina di San Patrignano. Era un pazzo che ha fatto cose straordinarie. Sono vivo grazie a lui, fine delle chiacchiere. Era mio padre.

4

4LGr

Moreno torna a casa tardi e a me spiace perché ho voglia di parlargli anche per smettere per un po' di riabitare gli anni Ottanta attraverso le parole dei testimoni dell'epoca. Ci amiamo da più di quattro anni, è un uomo che sa contenermi, è diventato lentamente, ma inarrestabile, fondamentale. «Di a da in su per con tra fra, Moreno» è la dedica del mio precedente libro; mi sembra tuttora un'ottima sintesi per risparmiarvi pagine descrittive che rischierebbero di risultare mielose.

Entra in casa nostra un po' affaticato dalla giornata di lavoro e io come sempre lo accolgo con parole piene d'amore, almeno in testa.

«Amore, facciamo prima *SanPa*.»

«Cioè? Che vuol dire?» chiede Moreno mentre ancora si sta togliendo la giacca tentando di sintonizzarsi sul mio discorso nel minor tempo possibile.

«Come docuserie, mettiamo in pausa la storiaccia crime, si parte subito con San Patrignano e Muccioli.»

«Dici sul serio?» È più stupito di quanto mi aspettassi.

«Mi ha scritto stamane Gianluca, ho già iniziato a studiare.»

«Ma scusa, perché dovrebbe interessare la storia di una comunità di tossici degli anni Settanta? A chi? Siete sicuri? In centonovanta Paesi?»

«Non lo so. Ci sto pensando anch'io. È una storiona, in realtà. Vien voglia di studiarla, questo sì.»

«Forse a te.»

«Io c'ho un sacco di voglia di capire Muccioli chi era.»

«Ma lo fate in un'unica puntata, vero?» chiede Moreno allarmato.

«No. Sei, o forse quattro; dobbiamo capire fino a dove raccontarla.»

«Vado a fare una doccia ché mi pare di capire che qui in sala sia già pieno di tossici che ti stanno raccontando la loro versione.»

«Vero. Dietro al divano ci sono anche Muccioli e Indro Montanelli, più tardi passa Bettino Craxi, ma ha detto forse.»

«Sicuro che non stai andando oltre il 4LGr?» mi chiede inquisitore mentre si sta già spogliando per arrivare sotto il getto dell'acqua senza fare nessuna sosta, nudo. Poi chiude il vetro che si appanna. Io quasi ci sbatto la faccia; mentre rido arretro e vedo il suo dito che come su una lavagna di vapore sta scrivendo 4, L e poi Gr.

Diversi anni fa – e Moreno lo sa – mi arriva una telefonata per un progetto, alquanto vago ma molto ancorato alla realtà, sulla criminalità organizzata e il territorio. Mi dissero pochissimo, mi sembrò di sentir pronunciare a metà la parola "'Ndrangheta" e ammetto che visto l'argomento immaginai il balbettio fosse una questione di sicurezza. Spero la mia, che ero stato coinvolto a mia insaputa, ma immaginai anche la loro; insomma: un riserbo di sicurezza utile a tutti. Ciononostante mi sembrava un'idea che stava in piedi, interessante, possibile. Mi diedero appuntamento dopo cinque giorni. Era un periodo in cui non avevo quasi nulla da fare, mi sembrò corretto arrivare all'incontro un po' preparato. Il Libraccio fu prodigo di edizioni usate a metà prezzo e così lessi quattro libri di Nicola Gratteri, complice anche il lungo viaggio verso Reggio Calabria. L'incontro fu bello ma non ci misi molto a capire che la 'Ndrangheta c'entrava poco, il pm Gratteri per nulla e il riserbo era dato in realtà dalla totale assenza di economie e dallo stadio più che embrional-nebuloso del progetto. Era una bell'idea ma poi, come spesso accade, per diverse vicissitudini non se ne fece nulla. Infatti nel mio armadio esiste un quadernetto intitolato 'ND che parla di tutt'altro. Dal giorno in cui gliel'ho raccontato, ogni volta che ho insistito per vedere in una notte tutti i film di un regista sloveno che dovevo incontrare l'indomani, oppure di fronte a qualsiasi altro mio progetto di studio approfondito prima di conoscere il tema di un lavoro o di una riunione, Moreno mi ha sempre ammonito ammiccante: «Ricordati i quattro libri di Gratteri. Ricordati quando hai studiato tutta la 'Ndrangheta per un progetto che alla fine era sul peperoncino calabrese. Aspetta di capire di cosa si tratta, prima di leggere mille pagine sulla fontina solo perché hai una riunione in Valle d'Aosta!». Fino a quando, nel nostro lessico familiare, non si è introdotta per brevità una sigla che denominasse con precisione questa soglia da non oltrepassare durante la prima fase di incertezza: 4LGr, quattro libri di Gratteri.

5

All'inizio lavori al bar

Il primo incontro si fa dalle parti di Gianluca.

«Ma secondo te le persone cosa sanno di Vincenzo Muccioli oggi? Cosa ricordano?»

«Mi sembra un buon punto. Non c'è che chiederglielo.»

«Facciamo numeri di telefono a caso o preferisci i citofoni?»

«Il vecchio caro bar mi sembra più pratico. Tanto dobbiamo mangiare.»

E così io e Gianluca andiamo per strada e senza troppa vergogna fin dentro al bar chiediamo: «Mi scusi, signora, se la disturbo. Lei si ricorda di Vincenzo Muccioli?».

«Certo, quello dei drogati. Un santo, altro che tutti quei preti che son venuti dopo!»

«Quello di San Patrignano. Che li salvava.»

«Ussignur! Il pazzo che lega i tossici? Che fine ha fatto?»

«Non mi è mai piaciuto. Né lui né Sampa. Anche se loro lo dicono Sanpa, con la N, e lo scrivevano pure così. 'Gnurant.»

«È per via di San e – staccato – Patrignano. Santo, è giusto che vada con la N.»

«Il Muccioli era sempre in tv ma era una brava persona.»

«Ma sì, c'era anche nella canzone del Paolo Rossi, come faceva più? "Soffocati da un bacio di Muccioli", è quel Muccioli lì, no?»

Ci sono stati anche dei «non ricordo», soprattutto da parte dei più giovani che a ragione non sanno nulla; qualcuno che inventava di ricordarsi che giocava nella Lazio; diversi «non credo più nei sondaggi»; un solo «e la privacy dove la mette?», e un solo ma ben più criptico «non mi parli di socialisti».

Nel secondo bar, complice lo spazio angusto e la lunga attesa dei nostri panini a cui abbiamo apportato decisamente troppe modifiche, la discussione si fa ring. Tutti avevano un'opinione molto netta e precisa su Muccioli e anche un enorme bisogno di comunicarla con veemenza definitiva. Qualcuno sputava come se quel groppo ce lo avesse in gola da vent'anni. La maggior parte propendeva nel definirlo «un santo salvatore»; gli altri, inferiori di numero ma forse più convinti, erano certi fosse l'incarnazione del Male. A ogni successivo tentativo di approfondimento scopriamo di non sapere null'altro: né se è vivo o come è morto, né se San Patrignano è stata smantellata o invece sia ancora attiva, non conosciamo nessun esito processuale né quale fosse la posta in gioco all'epoca, né che fine ha fatto tutta quella storia che però, moltissimi, ricordano parecchio presente nel dibattito pubblico. In buona sostanza sappiamo solo da che parte stavamo ai tempi e lo ribadiamo con forza, inamovibili e impermeabili a qualsiasi evidenza, fatto, certezza. Nulla più.

Ma non è già questo fatto di per sé un buon motivo per raccontarla, questa storia? Percorrerla tutta anche solo per rendere evidente che talune certezze, nonostante appaiano granitiche, non significa affatto che siano corrette. O addirittura, raccontarla nella sua interezza per mostrare proprio come possa essere sbagliato e pericoloso ridurre una questione seria a fantasiose quanto inutili scorciatoie bibliche: Dio e il Demonio.

Non lo so se c'è stato un tempo in cui la polarizzazione delle posizioni fosse assente, perché già il ballottaggio Gesù o Barabba mi pare saldo in quel solco limitante; però oggi questo modo semplicistico di ragionare per poi prendere decisioni è onnipresente, e spesso pure invasivo a nostra insaputa. Quante volte lotte civili sono state trasformate in crociate ideologiche per evitare che noi si riflettesse da persone scegliendo invece di sentenziare da fedeli? La questione delle unioni fra persone dello stesso sesso ne è un esempio lampante: è un diritto sancito nel mondo occidentale e il nostro Paese non aspetta altro, eppure si riesce a spaccare il Parlamento inquinando la discussione con argomenti religiosi, antiscientifici, piazze di minoranze di invasati, menzogne, parole violentissime. Lo stesso vale per la sicurezza: o sei a favore delle armi libere e della legittima difesa senza limiti anche per strada, altrimenti sei un mollaccione a favore degli stupri. Se piangi i partigiani, schifi i morti nelle foibe, e viceversa. Ma non è così.

Questo esserci trasformati in tifoserie che si urlano contro slogan spappola la convivenza civile, la possibilità di confrontarsi, il sano processo di ricomposizione dei conflitti attraverso il dialogo e la sintesi delle posizioni. Questa spinta a semplificare ed etichettare tutto con parole generiche ma irremovibili e scolpite nella roccia, così da non essere mai abitati dal dubbio, ci fa fuggire dalla complessità che è invece il tratto principe dei tempi attuali.

«A me sembra che anche solo ricordare che battaglia fu quella sulla collina di Rimini a San Patrignano e, oltre a tutti i fatti, mostrare che spaccarsi in due fazioni cieche è stato il vero problema della storia stessa, mi pare che sia un buon servizio.»

«Sono d'accordo. Abbiamo un obiettivo minimo.»

Dopo quel primo censimento nei bar per testare a campione cosa si sapesse in giro di Muccioli, torno a casa in tram. Mi aiuta a pensare. Prediligo quelli arancioni con le panche in legno, quelli della mia gioventù, quando il jumbotram verde, affusolato e sinuoso, si vedeva solo nei film di fantascienza sfrecciare a centinaia di metri di altezza, tanto che ancora oggi quando lo vedo pacioso a terra a coprire la tratta Maciachini-Niguarda o Lagosta-Cinisello mi dà la sensazione di essere quello stesso dei film che si gode una tranquilla pensione in periferia a Milano.

I tram arancioni, così simili a quelli in bianco e nero delle foto storiche della città, sono una linea di congiunzione ideale ed elettrificata fra la Milano di fine Ottocento e la Milano da bere degli anni Ottanta.

Per me sono i tram dei viaggi a scuola con lo zaino buttato a terra, spesso usato come cuscino o come rialzo per urlare fuori dai finestrini dai quali è vietato sporgersi ed è pure vietato sputare, come è scritto su apposite placchette inchiodate nell'infisso ligneo di ogni vetro. Ci fanno molto ridere a noi ragazzini, perché passiamo in rassegna le azioni che non essendo espressamente vietate per iscritto immaginiamo debbano essere, per forza di cose, lecite se non addirittura consigliate: cantare, ruttare, lavarsi i piedi, fare puzzette, gridare fuori dal finestrino.

L'altra cosa che non posso dimenticare ogni volta che sono su un tram è che fino agli anni Novanta c'è sempre stato un cartello d'ammonizione, ma con le stesse dimensioni e fattezze delle pubblicità, che con una grossa scritta grassetta ricordava che nel nostro Paese LA BESTEMMIA È REATO.

Ricordo bene anche dove fossero posizionati questi cartelli perché già da bimbetto più di una volta ne parlai con mio padre, che mi teneva stretto per mano intimandomi di non cadere perché non arrivavo ancora agli appositi sostegni.

«Papà, ma quindi se uno bestemmia arriva la polizia e ti arresta?»

«No, Carlopepe.»

«Ti fa la multa?»

«Nemmeno.»

«Ah.»

«Ma non si fa, non si bestemmia.»

«Ah, certo. Comunque se salgono dei poliziotti vestiti da preti, secondo me io li riconosco subito.»

«In uno Stato laico, semmai preti travestiti da poliziotti.»

«Perché? Cos'è uno Stato laico?»

Seguiva spiegazione fatta da un avvocato desideroso che il figlio capisse, dunque disposto ad abbassare il linguaggio, ma non così tanto da rendere il discorso sciatto o qualunquista. E con l'obbligo – per me uditore – di comprenderlo, al massimo entro il terzo esempio.

Tornando al cartello e pensandoci ai giorni nostri, questo fatto dell'illegalità di un'espressione contro Dio mi è sempre apparso come esempio-monito di quanto le cose fossero molto diverse in un passato recentissimo, in pratica ieri, che sono gli ultimi settantacinque anni più la guerra. E che questo passato più che prossimo conviene davvero conoscerlo, qualunque età si abbia, perché altrimenti diventa difficile comprendere il presente ed essere in grado di confrontarsi con gli altri su un passato comune.

Un Paese costituzionalmente laico, che però fino al 1999 prevedeva nei propri codici un reato per chi avesse bestemmiato contro Dio in pubblico, è innegabile che manifesti un certo tipo di mentalità, con la quale non si può non fare i conti. E dico solo "contro Dio", perché le bestemmie contro la Madonna vennero assolte già nel 1996.

Sperando di non risultare blasfemo, penso che anche questa differenza di trattamento fra madre e figlio o padre, ovvero fra donna e uomo, racconti non poco.

Mi chiedo come mai io stia pensando alle bestemmie illegali fino al 1999 e ai manifesti che ce lo ricordavano. Mi rispondo che dev'essere per la docuserie, ho in testa quella, ora, volente o nolente mi sto chiedendo se farla, come farla, se "uno specifico come" possa convincermi a dire di sì. Una docuserie su un tema come questo è per forza di cose anche un documentario su un'epoca. Allora penso: chissà se nell'immenso materiale d'archivio che dovremo visionare troveremo anche quel cartello che ricordo sui mezzi pubblici. Magari in un'intervista per strada, in un servizio del tg, in un'inchiesta sui trasporti nelle periferie degli anni Ottanta. Perché sarebbe bello mostrarlo, credo possa spiegare ai più giovani con una rapidità inusitata un concetto chiave che poi, chi vorrà, andrà ad approfondire.

«Scusa, mamma, ma in che senso in quegli anni la bestemmia era reato?»

«Dove, amore? Chi lo dice?»

«Quel cartello sul tram.»

«Bravo, è vero!»

«Ma quindi arrivava la pula e ti ingabbiava per un porcone?»

«No, però quei cartelli c'erano, li ricordo, adesso quando finisce l'episodio te lo racconto bene.»

Ecco, questo mi piacerebbe. Mi sembra utile. In fondo ogni doc è l'inizio di un altro doc, perché ci si incuriosisce, si ridà luce a vicende ed epoche passate che riaccendono altre memorie. Non vedo l'ora di iniziare a mettere gli occhi sul materiale di repertorio, anche perché siamo rapidissimi a dimenticare, tutti quanti. Non è solo chi non c'era che sa poco degli ultimi decenni, anche chi li ha vissuti, spesso pure io, fa fatica a collocare certi avvenimenti, a ricordare il pentapartito, quando votare era un dovere oltre che un diritto, il permesso di votare per le donne ovvero il suffragio universale, l'obbligo della leva e chi stava da che parte, ma anche l'introduzione dell'euro e i governi che c'erano, il lento susseguirsi di pessime leggi sulla droga (che non mi sento nemmeno di definire "contro"), la nascita dei SERT col metadone, la bomba di Milano e quella di Bologna, la strage del Cermis. Per dire le prime che mi vengono in mente, senza un legame fra esse o un desiderio di esaustività. Penso solo che raccontarci la nostra storia comune sia un bel compito.

Scendo dal tram alla fermata sbagliata, che però sbagliatissima non è: il dibattito con Moreno su quale delle due sia realmente più vicina a casa è ancora spalancato, perché io sostengo che non conti solo l'effettiva distanza in metri, ma anche la diversa conformità del tragitto e le differenti entità di ostacoli, senza dimenticare il fattore psicologico. Insomma, ci mancano ancora un paio di perizie su delle feci canine e la misurazione ufficiale di due dehor tendati per giungere a un verdetto definitivo. Quindi cammino il giusto, arrivo fino al bar del lurido – che infatti non ha nessun dehor, quelli sono entrambi sull'altro percorso – e mi fermo a bere un caffè.

6

Vere storie

Perché io che ho sempre inventato storie dovrei raccontare una vicenda realmente avvenuta senza voler modificare nulla? Ma io ho davvero sempre inventato?

Non sono certo un esperto di fantascienza, scrivo molto ancorato alla realtà. Per fare un esempio, quando in un film all'improvviso un personaggio vola o legge nel pensiero, oppure una casa si mette a parlare muovendo le persiane in sincrono, non ho mai una bella sensazione; spesso lancio uno sguardo a Moreno, lui capisce. Non è una critica o una scelta di campo. Guardo, leggo, assisto a tutto, possono piacermi molto anche narrazioni in forme astruse o magiche, ma non è ciò che io sono bravo a inventare e poi scrivere. È un mio limite. Anche tornando indietro con la memoria, non trovo esempi che lo neghino.

Penso a un testo della fine degli anni Novanta sull'ACNA di Cengio e l'inquinamento del fiume Bormida, che ho scritto con Fabrizio Pagella e Antonio Pizzicato, e non posso che definirlo teatro civile. Quel teatro di parola e narrazione che si può dire figlio di Vajont, lo spettacolo di Vacis e Paolini sulla tragedia della diga. Per raccontare in due ore abbondanti le vicende della fabbrica chimica ACNA in Piemonte – che poi *Acqua porca* era un monologo – abbiamo inventato diverse scene, molte battute dei contadini, abbiamo drammatizzato all'interno di una famiglia la battaglia fra operai per il lavoro a ogni costo e fratelli intenzionati invece a salvare la terra di tutti, c'era anche un Mussolini che faceva il gradasso coi chimici tedeschi e poi organizzava una rocambolesca fuga. Però i dati erano veri, ogni numero controllato con ossessione, la IG Farben di cui parliamo è davvero la stessa che produceva il gas per i campi di sterminio nazisti, il duce con quei tedeschi ci ha parlato nella realtà diverse volte, in molte famiglie lo scontro avveniva a tavola fra parenti, le parole dei processi sono virgolettati verificabili, le percentuali di decessi per tumore spaventosamente precise e reali. Abbiamo studiato per anni. E quindi? È una storia inventata? Difficile sostenerlo.

Vale lo stesso per *Caio Giulio Cesare*, monologo scritto con Riccardo Tordoni, in cui all'inizio compariva pure una pessima battuta sull'assenza di segnale, motivo che spinge Cesare a passare il Rubicone col cellulare in mano e dunque trarre il dado (*sic!*). Lo spettacolo si chiude con una lettera dell'imperatore al proprio medico, che però abbiamo scritto noi. Descrive comunque la vera storia con le battaglie, i trionfi, il delirio di onnipotenza, le ventitré pugnalate alle Idi di marzo. Ma è un documentario?

«Allora anche Shakespeare, *Riccardo III*, *Antonio e Cleopatra*, anche Omero, anche *Gomorra*, *Escape at Dannemora*, *Green Book*, tutti documentaristi? Tutti film documentario?»

«No. Ma è un'ottima domanda.»

A pensarci bene anche per farmi venire l'ennesima idea per scrivere un episodio di *Camera Café*, una sitcom televisiva degli anni Duemila, per cui ho firmato più di mille sceneggiature, offrivo delle birre ai miei ex compagni di liceo o di tennis o di teatro, chiedendo loro di storie d'ufficio, di TFR, di ridicolaggini, di un appiglio più che vero e possibilmente significativo dalle quali dinamiche estrapolare un meccanismo comico che potesse reggere almeno tre atti, se non cinque, comprendendo anche prologo ed epilogo.

Ovvio che poi inventi, quelli che ti dicono «vieni dieci minuti alla mia macchinetta in ufficio e ti giuro che ti porti a casa sei episodi fatti e finiti» sono sempre in buona fede, ma purtroppo non sanno quello di cui parlano, o forse per fortuna. In nessuna area relax, o ascensore, o palestra, o viaggio in tram troverete una sceneggiatura già scritta; però lo spunto, il bisogno, la problematica reale da ufficio esistente, l'inghippo nel regolamento aziendale che lo rende inattuabile e discutibile, la scappatoia vergognosa, questo sì; insomma, gran parte del corpo di una storia sono sempre andato a cercarlo nella vita reale, altrimenti non so di cosa parlo.

Lo stesso vale per gli spettacoli di satira. Scrivere per Paolo Rossi o Crozza o Guzzanti o Bertolino, cos'altro è se non interpretare ogni giorno la realtà? Si parte dalle notizie, dalla società, da ciò che è avvenuto davanti agli occhi di tutti o di molti, che riguardi un'ampia fetta della popolazione, che sia urgente, che sia grave, che sia terribilmente comico che avvenga proprio in quel momento lì, che sia condannabile svelando la sua falsità attraverso un'esagerazione che sia rottura di una tensione e dunque porti a ridere.

Sono sempre partito dalla realtà, lo so, lo riconosco; eppure una docuserie mi sembra diversa. Mi sembra un altro campionato. Ecco, non più un altro sport, ma un altro campionato sì. Lo sport è lo stesso, è la narrazione di storie. Poi è suddiviso in discipline. Spesso i confini fra esse sono più labili di quel che si possa pensare, non pensandoci.

Il documentario in Italia non gode di buona fama, pare sempre che si stia parlando di qualcosa di noioso, è una di quelle espressioni come "dibattito", "tavolo di confronto democratico", "approfondimento culturale", che in realtà sono questioni fondamentali che nulla hanno a che fare con la noia; sono l'abuso e la loro trasformazione in scappatoie procrastinatorie o ufficiali perdite di tempo che le ha ormai rese fastidiose se non respingenti.

Ma oltre a questo stigma generico, in Italia il documentario ne porta uno specifico, che risale a una legge del 1947: si sanciva che a ogni film, prima che uscisse nelle sale, venisse abbinato un breve documentario da proiettarsi in testa. Ma soprattutto si stabilì che il tre per cento degli incassi del film principale andasse a chi deteneva i diritti del documentario. Le motivazioni di tale decisione erano nobili: proteggere una produzione con meno risorse, riconoscendone l'importanza culturale nazionale. Mi sembra lungimirante scegliere di avere cittadini meglio informati, una comunità che agisce per salvare la memoria. Purtroppo la legge venne subito aggirata. Produttori cinematografici senza scrupoli ed esercenti – con l'indispensabile benestare della politica – bramosi di intascarsi quel tre per cento si misero a produrre con due lire delle porcate di finti documentari inguardabili che somministravano a tutti, in testa a ogni film, in qualsiasi sala d'Italia. Se per decenni propini sterco mettendoci sopra in bella vista l'etichetta DOC, finisce che quel tipo di prodotto e quell'etichetta ispirino poca simpatia e zero fiducia. Sarà capitato anche a voi di vedere in diversi film dell'epoca la tipica scena, nel bel mezzo di un cinema affollato, di quello che si allontana alzando la voce infastidito: «Vado al bar, aspetto fuori, vado in bagno, chissenefrega se i bimbi urlano, tanto c'è il documentario». Così nelle nostre teste si è insinuata un'unica certezza: documentario uguale rottura di balle colossale, spazzatura, riempitivo, inutile.

Ultimamente le cose sono un po' migliorate, va detto soprattutto per sottolineare che è evidente che la domanda di documentari c'è. Sono i prodotti validi che sono mancati per molti anni nei canali maggiori, e anche le disponibilità economiche per chi sotterraneamente ha per fortuna e con tenacia continuato a fare cose mirabili anche in tempi terribili.

Ora il documentario sta guadagnando terreno anche da noi. Ci son stati film importanti, premi e riconoscimenti, nuovi autori, e anche solo il fatto che se ne parli trovo faccia molto bene.

Ma io docuserie non ne ho mai scritte e mi sto chiedendo quanto questo sia un ostacolo. Il cinema del reale è così distante da ciò che definiamo finzione?

A inventare il cinema ci pensarono i famosi fratelli Lumière. Il primo film della storia l'hanno girato piazzando la loro nuova invenzione davanti alla propria fabbrica e riprendendo gli operai che escono. Nasce così il famoso *L'uscita dalle officine Lumière*, prima pellicola della durata di circa quarantacinque secondi. È stupendo per ciò che significa, è la nascita delle immagini in movimento. E dunque il cinema nasce su un documentario: cosa può esserci di più documentaristico di due imprenditori che filmano i propri dipendenti che varcano i cancelli della fabbrica per andare a mangiare?

So bene che su questo primo film della storia è sempre aperto un dibattito, anche proprio sulla questione se sia o meno un documentario, fino ad arrivare a chiedersi se sia veramente un film, ovvero il primo film. Lungi da me inserirmi fra persone molto più preparate. Dico solo che trovo affascinante la tesi secondo cui si tratterebbe addirittura della prima docu-fiction della storia, dal momento che il film in realtà fu girato di domenica, giorno di chiusura delle fabbriche: sono degli operai che su richiesta dei loro padroni impersonano sé stessi all'uscita dal luogo di lavoro, non stanno davvero defluendo a fine turno, stanno recitando in una ricostruzione.

Questo aneddoto dei fratelli Lumière credo spieghi bene la difficoltà di disegnare un confine preciso fra cosa sia cinema del reale e cosa no. Già sul primo film di tutti i tempi non c'è unanimità. Figurarsi dopo.

E allora, come mai questa mia resistenza? Cosa mi spaventa? Credo che la questione sia un'altra, non c'è nessun problema a raccontare una storia che è accaduta nella realtà, semplicemente perché lo faccio già. Le domande sono altre:

Uno. Questa specifica storia è urgente da raccontare?

Due. Per raccontarla, il modo migliore è una docuserie?

Sulla prima domanda mi do del tempo. Intanto rispondo alla seconda per portarmi avanti. O forse per il semplice fatto che al momento questo so.

Sì, credo che per questa specifica storia in questo specifico momento e in questo Paese o mondo, la soluzione narrativa migliore sia il documentario. Perché la storia di San Patrignano e di Muccioli è il racconto di una comunità di recupero per tossicodipendenti degli anni Ottanta, ma anche la storia di un'intera generazione, di un Paese, di un clima, di un'epoca, di un modo di pensare. È una storia complessa, con sfaccettature multiformi, legata all'immaginario televisivo e a ciò che accadeva nelle strade e nelle piazze. È costume, è ciò che ci stava intorno fino all'altroieri, è ciò che ai tempi non hanno voluto o potuto mostrarci, è una memoria collettiva vissuta in prima persona da molti di coloro che ne saranno poi spettatori. *SanPa* è anche la storia della manipolazione dell'informazione, del fatto che polarizzando l'opinione pubblica, si finisce a urlare e nessuno capisce quale sia il problema. Per parlare di cosa sia stato l'AIDS in Italia credo sia importante mostrare quel famoso primo spot, e mostrarlo pure in un televisore – quello nuovo col digitale terrestre e internet collegato –, ma magari sempre in quel salotto lì e con ogni probabilità di fronte a persone che lo stanno rivedendo adesso per la prima volta da allora. È una storia che è stata confusa, raccontata spesso da una parte sola, c'è bisogno di sentire la viva voce di chi c'era, c'è forse anche bisogno che chi ai tempi era lì commenti oggi ciò che disse decine d'anni prima. Ci sono da ristabilire molte verità che proprio la televisione ha distorto, non mi spiace affatto che questa sorta di riparazione passi attraverso lo stesso mezzo, lo stesso elettrodomestico. Come la rettifica di un articolo che deve avere pari dignità e dimensione del testo diffamatorio, e ovviamente deve comparire sullo stesso giornale. Stiamo parlando di cose che molti di noi sanno o hanno saputo molto bene, tocca rimetterle in fila, riviverle, digerirle, e ripartire a comprenderle. Assieme, in una sorta di riconciliazione nazionale.

Sì, non vedo un mezzo migliore del documentario per riportare alla luce questa storia. E in questo caso, dico addirittura della docuserie.

Faccio una precisazione, perché spesso i termini si confondono o non definiscono bene, avendo confini sottili. La docuserie non è un documentario lungo e nemmeno genericamente un documentario spezzettato in più puntate. È una sorta di sottogenere a sé, con una sua drammaturgia, con la suddivisione degli episodi in atti, l'attenzione ai cosiddetti *cliffhanger* e altre peculiarità narrative. È un genere recente e credo che permetta di occuparsi bene di complessità, rimanendo appetibile per un pubblico non per forza di esperti o impallinati di documentari o addetti ai lavori.

Non credo che qualunque storia si possa – o addirittura si debba – raccontare con queste modalità. Al momento parlo solo di *SanPa*. E so che vedere Muccioli impersonato dal solito attore di fiction Rai o Mediaset, truccato, imparruccato e attorniato da tossici agghindati che parlano solo romanesco, non aiuterebbe la comprensione. Nemmeno con attori straordinari, nemmeno con sceneggiatori eccellenti. E non mi interesserebbe nemmeno il documentario con esperti in studio intervallati da finte ricostruzioni filmate. Ma nemmeno tanto il romanzo o l'inchiesta giornalistica scritta. È una storia che non deve essere inventata, esiste e ha i suoi protagonisti sia vivi sia registrati in vita, tocca trovare il modo per farla riaffiorare, senza giudicarla, senza intervenire troppo, senza una tesi da inseguire. Un lavoro tra l'archeologia e l'ascolto di ogni versione. A tratti un lavoro da stregoni che richiamano i fantasmi affinché la vicenda semplicemente riaccada, raccontandosi.

L'unica altra forma che a tratti assaporo fantasticando in solitudine è il teatro. Forse. La rappresentazione pubblica. Per riportare in vita questa storia, su un palco ma uscendo dal realismo, in carne e ossa ma con le parole scelte in precedenza, potendosi permettere di essere alto e basso e lirico e immediato e vero e soprattutto in presenza: narratori e ascoltatori, attori e spettatori, nello stesso luogo fisico per il rito dell'evocazione di un posto in cui i controllori sono a loro volta i controllati.

Da quello che so fin qui, credo che Vincenzo avrebbe apprezzato. Rievocare questa storia come in una seduta spiritica collettiva. La domanda sul medium mi pare più che mai appropriata.

7

Altre dicerie

Più voci che dialogano in presenza.

A Sanpa il patto era che se te ne volevi andare lui ti tratteneva. Si parlava. Si parlava in continuazione. Vincenzo voleva capire. Da noi, lui voleva capire *da noi*. Si discuteva anche attorno al fuoco, parlargli era trasformare il casino che avevi in testa in qualcosa di simile a un percorso o che comunque ti faceva voglia di provarci. O almeno di rimandare. Di non fuggire neanche quella notte. Di non scappare sempre davanti ai problemi, alla realtà, al terrore di tutto. Ti aiutava a non scappare da te stesso.

Anche perché se scappavi te le davano. No, non è vero che te le davano, non è detto. Te le davano se eri tu a non dare altra possibilità. *Do ut des*, era tutto un po' *do* e un po' *des*; ho fatto il classico prima dell'eroinomane; poi non l'ho finito, troppo classico. Ma finché si parlava, si parlava. E si parlava tantissimo. Perché vuoi andare via? Torna. L'hai deciso. Ce l'hai detto tu. È come se l'avessimo deciso assieme. Non devi andare. Non puoi andare. Non ti lasceremo andare. La droga è il sintomo di un malessere, noi non parlavamo del sintomo, che ci frega? Quello è evidente, bastava guardarci in faccia, siamo tossici, cosa dobbiamo dirci? Noi parlavamo del malessere. Era una scuola. Era un laboratorio. Era una comune. Vincenzo non ci mollava mai. Era capace di svegliarti a notte fonda, perché voleva finire quel discorso che aveva iniziato martedì. Se lo interrompevi se lo ricordava anche sei settimane dopo; e riprendeva da lì. Se eravamo discepoli di una setta? Anche, e quindi?! L'accordo è che non si va via. Devi restare. Lasciami la manica, mollami, voglio andare via! No, non lo farò, lo sai che non lo farò. Me l'hai chiesto tu.

Ci conoscevamo come solo i tossici si conoscono e riconoscono, quando uno voleva andar via lo capivamo giorni prima. San Patrignano non aveva neanche i cancelli, ma ci riprendevamo sempre, eravamo sempre noi, inseguitori e inseguiti, una volta scappavi e quella dopo ti chiedevi: dove si saranno nascosti i fuggitivi? Dove mi nasconderei io? Con i tossici devi usare le armi dei tossici, all'inizio.

Ma lo sai che ai primi tempi se eravamo stati bravi Vincenzo ci dava i soldi, le chiavi della macchina, la sua macchina e ci lasciava andare a ballare? Dei tossici? Ci facevamo come dei copertoni, io chiedevo per sei giorni di andare a ballare. Quando si va a ballare? Sabato questo si va? Vincenzo, ce l'hai promesso che si va a ballare! Che poi a me la musica fa schifo, figurati se mi sbatto a ballare. Dopo un po' di weekend di fattanza siamo andati noi da Vincenzo a dirgli: «Tu non ci puoi fare uscire! Noi siamo tossici, lo vuoi capire o no?! Della pizza non ce ne frega niente, compriamo la roba e ci facciamo in piazza, già è tanto che non ti vendiamo la macchina. Riprenditi e nascondi 'ste chiavi».

Quindi se uno vuole andar via, lo si tiene; quella fu la prima regola. Semplice, accolta da tutti, un patto chiaro. E niente soldi per la pizza e uscite e gite. Il laboratorio dei controllori-controllati portava i suoi frutti, imparavamo facendo. Non ho mai capito che ore fossero quando parlavo con lui. Non ti staccava gli occhi di dosso finché non ti aveva convinto. E se mi stufo? Non ti stufi, ce n'è troppe da fare qui. Se ti stufi costruisci un recinto o una casa, quello che preferisci. Dimmi cosa vuoi e io te la faccio fare, basta che non mi molli a metà. E quand'è la metà? Dipende da te ma lo decide lui, o il contrario: decidi tu ma dipende da lui. La promessa era che ci si tratteneva a vicenda, in qualunque caso, in qualunque modo. Ti convincerò a star qui a parole a costo di parlarti tutta la notte nelle orecchie, ti tengo sveglio, non ti mollo un attimo, dormo con te; e se non basta lo farò in qualunque altro modo, cercando di non farti mai male ma arrivando fino anche alle botte, e se dovessero infine essere l'unica soluzione, useremo pure le catene. Lo deciderà Vincenzo, che è l'unico sano. Questo era il patto di sangue: a convincimenti, a chiacchiere di ore, ad abbracci, a incatenamenti prima emotivi, poi anche a schiaffi, anche con delle piccole o gigantesche risse, in qualunque modo, lui ti tratteneva, era lì per quello, non ti mollava, non ti lasciava andare, come una maledizione, non ti abbandonava, non era mai indifferente. Mai. Più volevi andar via e più lui insisteva, aggrediva, esagerava, menava; ma eri tu a condurre, anche tu; lui voleva solo farti restare, a ogni costo, anche i lucchetti e le chiavi, alla fine. Se c'era un costo, lui lo pagava, senza paura, di tasca sua. Di tasca sua, mica tanto, ma essere poveri non è mica una colpa. Bravo lui che ha trovato le catene, altrimenti sarei scappato appena si addormentava. Sono vivo, che mi frega a me delle catene.

Ma è illegale. Ma che cazzo stai dicendo? Sono io che ti dico: ti prego, fermami se voglio andarmene! Perché mai dovrebbe essere illegale? È sequestro. Ma che cazzo dici, sono io che gli ho detto nel pieno delle mie facoltà mentali: se voglio andare a drogarmi, tu incatenami; e lui lo fa, esattamente così come gli ho chiesto io; cazzo, vuoi che sia pure colpevole? Fa quello che gli chiedo io come favore personale e finisce in galera per colpa mia? Be', ma usa le catene! Sì, certo, usa proprio le catene. E lo sai perché? Perché gli ho detto: se voglio scappare tu incatenami. Che problema avete voi che non vi drogate? Siete voi il problema!

Però anche la violenza va vista nel contesto e in relazione alla contingenza. Lì dentro avevamo un rapporto diverso con la morte e pure con la vita; resistere o smettere di soffrire per sempre, erano due opzioni in costante pareggio. Se sei all'inferno, concetti come bene e male hanno nuove sfumature. Cos'è la libertà? Lì valevano altre regole.

D'accordo, ma la legge è legge per la legge, non puoi chiedere allo Stato di fare una piccola deroga per una collina dove c'è un signore che decide chi può muoversi e chi no a suo insindacabile giudizio. E perché non posso? È un accordo fra di noi, saranno cazzi nostri quello che ci piace fare. E basta con questa teoria "saranno cacchi nostri", no, non lo sono, non solo vostri! Noi ci fidiamo, a posto così, smettila di rompere. Ma non vanno così le cose, ci sono delle regole. Ma io sono un tossico, che cazzo me n'è mai fregato a me delle regole vostre. Facciamoci delle nuove regole. Facciamoci! Scherzo. Qui siamo malati e abbiamo deciso che le catene fanno parte della nostra personale cura, non si può fare? Ci vuole un medico, ci vuole un dottore, come dice Vasco. Il nostro dottore è Vincenzo. Vincenzo, sei laureato? No che non lo è! Per noi sì, laureato a pieni voti in scienze della strada, della piazza e dello schiaffone che non scordi mai, come il primo buco. Scusa, ma se noi tutte le notti ci leghiamo assieme con un'unica catena lunghissima per essere sicuri che nessuno va a farsi, cosa possono dirci i carabinieri? Chi sta sequestrando chi? È una nostra scelta. Libero arbitrio. Come si decide chi è buono e chi no? Arrestano il primo della fila?

Silenzio.

Una lunghissima pausa.

Però svegliarsi in ventuno perché solo uno deve andare a far la piscia, anche no! Ci ritroveremmo in coda al cesso tutto il giorno. Hai ragione! Giusto! Niente, allora facciamo che chi scappa lo si incatena singolo e decide Vincenzo. Tutti d'accordo?

Sì.

Tutti d'accordo.

8

Papà

Vado a trovare mia mamma. Per scaramanzia non parlo mai con nessuno di progetti che stanno iniziando, una parte di me crede che farlo non porti bene; l'altra non dimentica che se poi il progetto non dovesse andare in produzione, toccherebbe passare mesi a rettificare con tutti quelli a cui lo hai anche solo accennato. Ho progetti che sono "lì lì per partire" da più di sedici anni; non vedo l'ora di parlarne ma è ancora un po' prestino.

Moreno è escluso da questa mia forma omertosa, anche perché sarebbe impossibile fare diversamente. Sono molto poco discreto nelle mie esternazioni quotidiane sul mio stesso lavoro e per fortuna, quando parlo da solo, spesso è lui che mi risponde risolvendo il mio quesito mentre mi scagiona dall'antipatica situazione malsana di fare domande al vento come un anziano brontolone. Ed è esclusa anche mia mamma, è sempre stato così: se devo iniziare una cosa lei è consultabile, non interferisce con il destino e soprattutto non pretende che rettifichi. È una donna che antepone un gigantesco "forse" anche alla semplice affermazione "arrivederci", figurarsi se la agita un progetto che poi invece non si è più fatto.

Vado a trovarla anche perché sono curioso di chiederle cosa ricorda di Muccioli, di San Patrignano, dell'eroina. Deve compiere ottant'anni a settembre, era ben presente negli anni in cui si svolge il tutto, e il prima e il dopo.

Mia mamma, quasi vergognandosene, e temo disposta a inventare pur di non arrendersi ad ammettere, mi dice che non ricorda niente. O meglio: ricorda tutto, il problema della droga, i tossici per strada, i figli degli amici di cui non si doveva dire, le raccomandazioni per entrare in comunità, le ricerche notturne di genitori distrutti con la macchina nelle zone di spaccio; ma della questione Muccioli e di San Patrignano ha un ricordo vago, affondato nella nebbia fitta, e dice – delusa – di non averne mai parlato apertamente in casa con mio padre, oppure così poco da non ricordare né una frase né un'espressione. «Mannaggia, eppure la sapeva di certo, il papà, quella storiaccia.»

«Ma la definiva storiaccia? La chiamava così?»

«No, questo no, non mi pare.»

Poi mi sembra preoccupata, senza volermelo troppo dire.

«Ma come mai proprio questa storia qui, Pepe? A chi interessa?»

«Be', alla fine non si tratta solo di Sanpa, è per raccontare una generazione, l'Italia di quegli anni, anche lo strapotere della televisione.»

«Quello sì. Però ci sono tante altre storie, anche di quegli anni.»

«Vero.»

«Questa mi sa che c'è parecchia gente che mica c'ha

troppa voglia che si ritiri fuori la roba dei processi, i morti, i ricatti.»

«Ma allora te la ricordi eccome.»

«Era sui giornali tutti i momenti, sui settimanali dal parrucchiere, per anni non si è parlato d'altro! Ma non ricordo di averne fatto parola io, di averne discusso. Ecco, questo non lo ricordo. È che ai nostri tempi si discuteva meno delle cose. Era più semplice.»

«Mamma, cosa dici, erano gli anni Settanta.»

«No, no; parlo da metà anni Ottanta. Si è discusso molto meno, molto meno.»

«E quindi anche del papà non sai cosa diceva o pensava?»

«Macché, Pepe, non me lo ricordo proprio. Mi sembra che all'inizio la pensava in un modo, e poi non più. Sì, mi sembra che cambiò idea. E mi pare che in tanti cambiarono idea man mano che la storia andava avanti. Forse per questo nessuno amava ricordare di essersi sbagliato. Mi sa che andò così, e dall'oggi al domani tutti hanno preferito non parlarne più, mai più. Come se le storie potessero scomparire. Stupidotti.»

Con lo stupidotti materno in testa torno a casa a piedi. Mia mamma vive a pochi metri da dove abitavamo fino alla fine del millennio scorso, quando mio padre era vivo e i miei quattro fratelli non ancora sposati e i miei dieci nipoti non ancora nati, quindi non fatico a riconoscere l'angolo con quel lungo gradino dove spesso sostava.

Nino, si chiamava il tossicodipendente che incrociavamo più spesso la mattina, andando verso il tram o la domenica correndo in ritardo alla messa. Poi diventò NinoPanino, che ai miei nove anni sembrava molto buffo.

Nella mia memoria è fra il grigio e il marrone, un cencioso, un appestato, con tante vesti addosso, strati, stracci, eppure è magrissimo, un grissino su stecchini, sporco, traballa, sembra un mendicante di certi film su Gesù, il più povero fra i poverissimi, quello scansato da tutti, quello che non ha neanche una battuta.

Ha croste ovunque e se le gratta fino al sangue che è molto scuro. Sembra soffrire ma non curarsene. Io nelle sue condizioni urlerei di dolore, schifo, aiuto; lui no, non più, da molto tempo. Lui sembra aver già urlato tanto, tutto, aver dormito all'aperto, aver preso e dato botte, ma così a occhio sono più quelle che ha preso, asciutto ammaccato instabile com'è. La città del benessere che gli fa da sfondo è tappezzata di pubblicità, cartelloni che chiedono attenzione urlando merci in vendita coloratissime. Il prodotto che pubblicizza NinoPanino, invece, pare la rassegnazione, la sconfitta, l'aver combattuto contro un drago troppo forte per gli umani. L'immagine è quella. E non compare su nessun cartellone. Fa paura l'accettazione del fallimento. Non sembra cattivo, per niente. E nemmeno troppo pericoloso, se non fosse che ce lo dicono infetto, infido, furbo, avido. Non usano mai queste parole, lo fanno capire, alludono, paventano senza favellare, insinuano. Quelli lì; stai attento a quelli lì. Ma noi bambini capiamo. Fin troppo. Quasi di più. Capiamo che non dobbiamo entrare in contatto con lui e quelli come lui per nessun motivo. Non stringere la mano. Non accettare alcunché. Possibilmente non ascoltare proprio le loro parole. È evidente che la loro forza non possa essere nei muscoli, né la loro pericolosità. Che dunque sia la voce? Che sembrino parole ma siano in realtà canti di sirene suadenti ed eccitanti? Però non pare magico, per niente. Sporco e vinto com'è. Sembra che abbia lasciato di proposito i suoi muscoli in quel sacco a pelo, da come si muove: lento, accorto, come se potesse frantumarsi al solo urtare qualcosa di duro o acuminato. Ma allora ci tieni alla vita, se non vuoi farti male, mi viene da pensare. Galleggia sul cemento mantenendo un certo sorriso. No, non è la vita che ti interessa o che vuoi preservare, è l'assenza di dolore l'obiettivo, mantenerti impermeabile o così totalmente permeabile che tutto passi attraverso, senza scontrarsi con niente, senza attrito, senza possibilità alcuna di dolore fisico o mentale. Un limbo da abitare, poco respingente. C'è da muoversi con oculatezza zen perché basta niente a farlo scomparire. Ma qui sono io che parlo oggi.

Negli anni Ottanta io so che Nino si droga perché questo è ciò che mi dicono. Non gliel'ho mai visto fare. Fumano, mangiano, si iniettano, si dice. So che lo fa con la siringa, di solito nel braccio; ma è sufficiente che ci sia una vena, infatti c'è chi se la fa fra le dita dei piedi così poi va a tavola a cena in famiglia e nessuno si accorge di niente. So che a quelli più grandi, a scuola, vengono spesso sollevate entrambe le maniche per controllare che non ci siano buchi. Perché bisogna accorgersene prima che sia troppo tardi. Si chiamano anche "pere" e questo ci confonde un po' perché già abitavamo con sogghigni e risatine il doppio senso tra frutti e seni femminili, ma ora che capiamo che pere può indicare anche buco o droga, immaginiamo il doppio senso al quadrato e non siamo più sicuri di aver capito nulla. Comunque alla parola pere si può ridere, nessun grande ti dice niente, perché farsi le pere è da smidollati, da perdenti; o al massimo sono stupidotti che hanno sbagliato, poverini, ma questo ce lo dicono più le donne, mia mamma, le nonne. Parlar male dei drogati si può fare, è una categoria che non protegge nessuno. Anzi, le cautele nei loro confronti sono viste con sospetto, a volte esageriamo nella cattiveria discriminante pur di non venir in nessun senso accomunati a loro, odiamo per distanziarcene, fingendoci migliori.

Prendere la droga non si deve fare. Mai. In nessun caso. Per nessun motivo. Questo ci dicevano e questo comprendevamo tutti benissimo.

C'è chi ti obbliga, con caramelle o altre cose, così inizi e poi non puoi smettere, mai più, per tutta la vita, e così andrai sempre a comprarla, dicevano.

C'è chi ti obbliga con la siringa che è infetta, basta un puntino, uno spillo, il sangue che si mischia e sei drogato anche tu, dicevano anche.

Fanno le rapine minacciandoti con la siringa fu la novità inquietante all'arrivo dell'HIV.

«Se succede, dategli qualsiasi cosa; è meglio aver salva la vita» ricordava mia mamma scaricandoci in cinque davanti a scuola.

«Ma noi abbiamo le Soldini, le Nike non ce le compri. Cosa ci rubano?» rispondevo io per tutti. «Le mutande della Upim?»

«Tu dagli le scarpe che hai, e mentre controlla se il marchio è originale, corri sui calzini!»

Bisogna scappare. Sono pericolosi. Hanno bisogno di aiuto ma non sei tu a poterlo fare. Non dare loro soldi, anche se ti fanno pena, perché li usano per pagarsi la droga, anche se dicono che è per riuscire a comprare il biglietto del treno per Mantova, un caffè, il panino, giuro, mi mancano duemilatrecento lire in tutto. No! Li usano solo per la droga. Se dai loro dei soldi e poi si drogano è colpa tua, anche un po' colpa tua. Mai dare soldi o qualcosa ai drogati, ché se lo vendono. Non dar loro retta. Non parlarci. Non toccarli. Stanne lontano.

Una volta abbiamo incontrato Nino. Imbracciato da mio padre noi avevamo un grosso sacchetto di carta pieno di pane tiepido, anche per i miei quattro fratelli e sorelle che ci aspettavano a casa con la mamma. Era alto quanto me, bianco, profumava di farina e forno, la carta calda anche all'esterno. Nino invece – zozzo, magro e umidiccio – era sdraiato per terra a pancia in su sopra una coperta con un bicchiere di plastica vicino alla mano aperta sbattuta a caso sul marciapiede.

«Chiedigli se vuole del pane» dice mio padre prendendo un panino, porgendolo a Nino con la destra e impedendomi col braccio sinistro di avvicinarmi troppo nel fare la domanda.

«No!» lo blocco. Afferro il pane e lo ributto nel nostro sacchettone, per poi chiuderlo accartocciando l'estremità con un salto, con fare protettivo e un po' teatrale. «Papà, non dargli niente, ché lo usa per drogarsi.»

«Carlopepe, è un panino. Mica può iniettarsi in vena una michetta. Non mangerà da giorni, si vedono le ossa.»

«Certo che no, papà, ma il drogato è furbo. Lui la michetta la prende, la vende, compra la droga e se si droga è un pochino colpa mia. Non voglio. Io non drogo nessuno! Non col mio pane caldo.»

Mio padre, aprendo il sacchetto e riprendendo il panino per posarlo sulla mano di Nino, mi dice: «Fallo mangiare, ché lui è un drogato ma tu sei un pirletta!».

Mi avvicino al dormiente ma sempre a distanza gli dico: «Ohi? Nino? Panino! NinoPanino?!».

«Eccomi» si sveglia NinoPanino sudato e ignaro di aver

appena guadagnato nel pane un secondo nome, ribattezzato per strada a sua insaputa nella farina.

Ricordo una volta che nel pomeriggio ero stato da un amico a giocare a Playmobil – perché in casa mia ha regnato a lungo il governo monocolore del Lego – e mio padre era passato a prendermi verso sera perché il suo studio era in zona. Siamo a piedi, né mio padre né io abbiamo mai avuto la patente, per tornare a casa attraversiamo i giardini pubblici che sono la strada più breve. All'entrata vedo a terra uno spicchio di limone e d'istinto mi avvicino curioso, ma mio padre mi tira via molto prima che possa vederlo bene. Entriamo e poco dopo, sulla ghiaia del vialetto – in quel punto preciso in cui oggi sorge la statua di Indro Montanelli ricurvo sulla sua Lettera 22 a scrivere – un altro spicchio di limone fresco con la buccia quasi fosforescente mi sorride come un Pac-Man che festeggia il passaggio di livello. Io so che ha a che fare con la droga, si bagna il cucchiaino col limone, o forse per disinfettare il braccio, comunque sono loro che li usano, ma voglio sentire cosa dice mio padre, se aggiunge particolari, e quindi affermo: «Papà, c'è molto limone, oggi!».

«Già» taglia corto lui, e capisco che preferirebbe una scusa per non essere obbligato a parlare di drogati.

«Chissà perché tutti 'sti limoni a spicchi» chiedo io, candido e perfido come fossi il neoproprietario di un agrumeto. «Non è strano?»

«Che ne so, Pepe; qualcuno avrà mangiato del pesce, siamo in un parco, può succedere di tutto» butta lì inspiegabilmente mio padre, con la peggior giustificazione della storia, lui di solito così bravo a spiegarmi il mondo per prenderne le misure.

Sulla strada fino a casa incontriamo a terra più fette di limone che cacche di cane, e io non riesco a non pensare a questa gigantesca tavolata di frittura di pesce al parco, tutti seduti, tutti con il loro bravo spicchio nella mano destra, tutti che spremono e poi sgocciolano il succo sul proprio cartoccio di alici bollenti o calamari fritti, tutti che lanciano ciò che resta del frutto alle loro spalle riempiendo così uniformemente di bucce gialle il vialetto in zona panchine.

«Scusa, papà» chiesi una volta dopo averci pensato per mesi, «ma quelli che ti drogano regalandoti le caramelle per strada che non bisogna accettare, dentro nella caramella hanno scritto il nome? O sulla carta? O ti danno un bigliettino?»

«E perché mai, Carlopepe?»

«Se uno mi droga gratis per farmi diventare suo cliente, avrà trovato il modo per dirmi come si chiama, no? Almeno un indirizzo dovrà darmelo, altrimenti come lo ritrovo? Che trucco è?»

«Non credo ci siano molti tossici che girano coi biglietti da visita, nel caso tu non accettare neanche quelli.»

«Un qualche modo devono averlo. Sennò mi regali una caramella alla droga e poi io i soldi per comprare altre caramelle li do a un altro? Che schifo di piano. Papà, forse anche il drogato è un po' un pirletta.»

«Pepe, vieni via, quello è un drogato.» Non veniva aggiunto molto di più, in discorsi comprensibili. Il resto era quanta disperazione portasse la droga, come intere famiglie ne venissero distrutte, come la bramosia di iniettarsi altra sostanza ti facesse impazzire fino a picchiare i tuoi stessi genitori a sangue per derubarli delle fedi e rivenderle al Compro oro indifferenti della loro morte o sofferenza, il non riconoscere nessuna autorità, la brevissima aspettativa di vita, la scelta suicida fatta quasi sempre per disperazione o per spirito ribelle, la condanna sociale, lo stigma per sempre, il pericolo massimo.

«Se ti droghi finisci così anche te, capito? La droga mai!»

Era sostanzialmente un dogma, per mio padre, al quale aderire ciecamente. Era troppo pericoloso, da pazzi, fuori discussione; e lo era in maniera così totale, a priori, che per molto tempo – per certi versi ancora oggi – è stata un'àncora, qualcosa a cui aggrapparsi, qualcosa di già deciso altrove. Ma non ha tenuta lunga, la fede cieca, senza spiegazioni.

La condanna finale era l'aggiunta spietata: «Te la sei cercata, l'hai voluto tu». La giustificazione per potersi sentire incolpevoli. Forse migliori.

Nemmeno le attenuanti del caso, della sfortuna, della debolezza, della malattia, del momento di difficoltà. No. Al drogato non capita, lui è il colpevole, lui ha scelto di iniettarsi la dose, mica glielo ha prescritto il medico. Siccome ne è l'unico responsabile, deve pagare ogni cosa. Come a dimenticare che anche l'alcolista ha cominciato a bere da sé, mica son tutti caduti nel pentolone come Obelix, eppure è a ragione considerato un malato e lo si cura e soprattutto non si passa la giornata a denigrarlo; a chi ha un tumore per fortuna non si chiede, per decidere se operare o meno: «Che vita ha fatto? Se lo sarà mica cercato, signora, eh? Quante sigarettine negli ultimi trent'anni? Jogging? Alimentazione? E l'aria di montagna, ogni quanti anni?».

È solo per i tossicodipendenti questo trattamento. Riservato a loro e poi, con l'arrivo della pandemia, allargato a tutti i malati di AIDS. È molto indicativo della paura che ci fanno. Noi temiamo fino all'odio ciò che potremmo diventare a nostra volta. Essere spietati con i propri demoni è un classico. Così in quegli anni i tossici vengono collocati in automatico fra i criminali, non stanno simpatici a nessuno, molti sostengono non debbano godere di tutti i diritti civili, si comincia a chiamarli "zombie" per far sì che da appestati eliminabili vengano trattati, che non si soffra troppo a vederli morti sulle panchine pubbliche.

Forse ci ricordano fin troppo bene che in quegli anni Ottanta non è mica vero che tutto luccica. Ma a nessuno va di accorgersene.

Quando divenni un po' più grandicello, verso l'adolescenza dei tredici anni, mio padre mi indicava i tossicodipendenti o ciò che li riguardava come le siringhe nel parco, i cucchiaini nei bar con un buco in mezzo a causa della fiamma dell'accendino, i già citati mezzi limoni sul marciapiede scuro che come primule preannunciavano zone di aghi e spaccio, e poi mi guardava fisso negli occhi per passarmi un unico comandamento: «Qualunque cosa ti prometta la droga, se il risultato è finire così non ne vale la pena. Pensaci bene. Equivale al suicidio». Un segnale macigno – anche se solo visivo – che chiudeva lo stomaco senza aprire la mente.

E non c'era niente da obiettare. Nessuna trattativa possibile.

Crescendo arriva anche il punto in cui inizi a chiederti, facendo di tutto perché all'esterno non si veda: «Be', lo sapranno anche loro come si finisce, avranno avuto anche loro dei genitori che li hanno ammoniti, quindi chissà cosa gli promette quell'eroina lì, che cosa permette quella cocaina là, che cosa regala quella pasticchina: dev'essere roba grossa! Per forza».

Con la droga devi fare i conti, prima o poi, fa parte di questa società come l'elettricità, il vino, la pizza, gli antidepressivi, l'amore, la felicità. Credo che già i miei genitori ne fossero consci: la droga la incontri, è solo questione di quando. Ecco perché ci chiedevano di dire no alla droga come al demonio, al male fisico, allo schifo; un no che non presupponesse in alcun modo l'opzione: «Fammela prima assaggiare, così decido io, no?».

«No! È male e basta.»

«Come fai a dirlo?»

«Per sapere che la cacca è cattiva ne assaggi spesso delle cucchiaiate sul pane?»

Tutto questo non aiutava a parlarne. Infatti non se ne parlava. Direi che era reputata così pericolosa che anche solo un accenno all'argomento avrebbe potuto impelagarti in discorsi e pensieri sul dolore di vivere, la fuga, lo sballo, il divertirsi, il bello di perdere un po' di coscienza per fare pensieri altri, cosa significa droga. Era troppo terrorizzante, e questo rendeva le difficoltà insormontabili. Meglio metterci una croce sopra. Un tabù. Speriamo che non la incrocino, che Dio ce la mandi buona, che abbiano la forza di resistere.

Ma uno la forza di resistere può avercela contro qualcosa che conosce, anche senza provarla; più difficile è davanti a un grande mistero. Perché i divieti non sono mai stati amici dell'indifferenza. Serve confrontarsi. Essere disposti a farlo. Ce n'è bisogno ancora oggi, figurarsi quarant'anni fa.

Ripenso alle parole dette da mia madre. Speravo di uscire dal nostro incontro con molte più immagini, certezze, punti di partenza. L'unica cosa che so è che mia mamma mi ha detto che le sembra di ricordare che papà avesse a un certo punto cambiato idea.

Ci sta. Immagino che potrebbe essere che durante il processo delle catene abbia pensato che qualche sberlone a questi drogati con cui era impossibile ragionare in altro modo non fosse del tutto legale, ma potesse venir considerato il male minore. E anche che se un numero così elevato di genitori lo ringraziavano per i risultati ottenuti coi loro figli, vabbè, si poteva chiudere un occhio, chiedendo un subitaneo cambiamento di rotta alla comunità, nonostante lo scempio fatto della legge che parlava con chiarezza su temi come il sequestro di persona, l'obbligo di presenza di un motivo medico accertato per acconsentire alla contenzione e soprattutto l'assenza di desiderio punitivo nei confronti di un fuggitivo. Poi, quando al processo per l'omicidio Maranzano venne fuori il resto – continuo a immaginare – ci sta che abbia detto: no! Questo è troppo: sostituirsi alla legge e sentirsene superiore non è possibile, in nessun caso e senza nessuna deroga o attenuante. Detto questo, non credo avrebbe amato ricordare spesso il proprio errore di valutazione fatto solo una decina di anni prima. Non bisognava dargli fiducia, abbiamo sbagliato, non parliamone più.

Potrebbe essere andata così. Altrimenti dove avrebbe potuto cambiare idea mio padre? Quando? Forse sosteneva ai tempi delle catene che Muccioli andasse fermato immediatamente, che fosse già chiaro l'epilogo, che bisognava intervenire con durezza e senza farsi condizionare dai parenti delle vittime che sono per definizione poco lucidi; e poi, a morto scappato, avesse mutato polemicamente la sua posizione in: ormai è inutile, l'avete fatto continuare; siete più colpevoli voi che non lo avete contrastato ai tempi, quando era tutto così evidente.

Sono arrivato dal panettiere del famoso sacchetto di michette che hanno battezzato Nino appioppandogli il cognome Panino, vorrei entrare a comprarne un silos per buttarmici dentro come Paperon de' Paperoni nei dobloni e nuotare nel profumo di quel pane per riabbracciare un istante mio padre e sussurrargli all'orecchio: «Sanpa. Tu cosa faresti?», giusto per avere una reazione qualsiasi sulla quale imbastire ipotesi, certezze, mezze verità, falsi ricordi che mi aiutino a prendere una decisione.

O meglio, un perché che vada oltre le vicende storiche.

Se avessi saputo allora che Cantelli, uno degli intervistati, ci avrebbe dato questa risposta, avrei compreso prima la portata della storia e il fatto che non toccava solo chi aveva scelto di drogarsi, ma tutti noi che ogni giorno scegliamo se drogarci o meno.

«La droga era all'interno di quel percorso di formazione per cui un ragazzo a sedici anni capisce che deve capire chi è. Cercare sé stesso. Capire cosa vuole essere e cosa vuole fare nella vita. Cosa che io non sapevo, come tanti come me.»

Compro del pane che non è affatto caldo visto l'orario e ha pochissimo profumo. Rincasando mi telefona mia mamma.

«Scusa, Pepe, ci ho pensato. A Muccioli, San Patrignano, al papà.»

«E hai scoperto qualcosa?»

«No. Ma mi sembra di ricordare che dicesse una cosa.»

«Ottimo. In che periodo? Inizio anni Ottanta, intorno al primo processo, o verso il 1995 quando poi muore?»

«No, no, alla fine, nel '95. Il papà è morto nel '99; sì, quattro o cinque anni prima.»

«E cosa diceva?»

«Che tra lo Stato, Muccioli, i Moratti e tutti, erano i ragazzi, i drogati, ad aver bisogno di un buon avvocato.»

Mi sembra una buona partenza.

«E basta?» la incalzo speranzoso.

«Sì» e basta.

Pausa di silenzio.

«Perfetto, mamma, grazie. Sono appena stato dal nostro vecchio prestinaio, il pane mi sembra molto meno profumato.»

«Non credo, Pepe; avrai un po' di raffreddore. Soffiati il naso e vedrai che torna anche l'odorino del pane.»

«Grazie, mamma; mi sei stata molto utile.» Le mando un bacio prima d'attaccare.

In effetti questa storia né lo Stato, né la comunità, né i Muccioli, né i Moratti vogliono che la si racconti. Nessuno. Da sempre. Gli unici a volerlo sono i tossicodipendenti, e lo scoprirò presto.

Mio padre era avvocato. Tutti in famiglia, me compreso, avrebbero scommesso che quella sarebbe stata anche la mia strada. Non ebbi il coraggio di fare con lui in vita il coming out sulla mia omosessualità, ma a diciassette anni chiesi udienza nel suo studio legale per farne uno ai miei occhi più impellente e già grave, visto l'avvicinarsi della maturità. «Papà, non farò l'avvocato, voglio fare l'attore.»

A cui seguì un suo silenzio. Lunghissimo.

Ho già raccontato tutta questa vicenda nel mio primo libro, fino alla bocciatura come attore dopo due anni di Accademia d'arte drammatica quando andai a dirgli che se il teatro non mi voleva allora ero intenzionato a iscrivermi a Giurisprudenza, e lui rispose, salvifico: «Fossi in te io insisterei, perché arrendersi al primo ostacolo non mi sembra saggio». Mi torna in mente ora solo per la questione della mia primitiva vocazione alla legge, che in realtà mi ha poi seguito sottotraccia anche nella carriera di autore. Quante volte mi sono sorpreso felice di fronte a giudizi come: lo spettacolo sull'ACNA sembra una requisitoria tragicomica; lo spettacolo sulla Costituzione dovrebbe fare una tournée nelle scuole; il video *La marmellata e la nutella* è un'arringa e alla fine nessuno può sostenere che sia minimamente sensato discriminare qualcuno per il sesso di chi ama.

Mio padre, a sentire mia mamma, diceva che in questa vicenda nazionale chi avrebbe davvero avuto bisogno di un avvocato difensore erano i drogati. Sarebbe dunque servito qualcuno che prendesse le difese e argomentasse dalla parte dei tossici, quelli a cui lui un tempo non dava neanche cento lire. Forse è su questo argomento che lui, a un certo punto, ha cambiato idea?

Mentre l'ascensore mi porta su, verso casa, penso: e allora accettiamolo, questo nuovo caso per il finto avvocato Gabardini, quello non laureato.

NOI
(DURANTE)

9

Writingroom

Nella primissima fase Gianluca ha già buttato giù uno schema, diviso per episodi, anche gli atti sono scalettati. Non perde tempo, non sopporta chi gliene fa perdere.

Lo schema l'abbiamo riprodotto su una grossa lavagna, acquistata apposta, lavabile, magnetica, sospettiamo sia pure magica. Ogni tanto si inghiotte dei temi e dei nomi importanti, una notte anche dei post-it; stiamo ancora indagando le cause, pare ci sia un video.

Gli episodi stabiliti per la docuserie erano quattro, poi sei, poi cinque, poi vediamo. Questo rende evidente il grado di approssimazione e costante rimescolamento in cui ci muoviamo per molto tempo; eppure, ogni volta che spostiamo un tassello, ci premuriamo che la struttura stia in piedi dall'inizio alla fine a costo di rimettere in discussione tutto.

È lavoro, è allenamento, è palestra. Ci siamo proposti a vicenda centinaia di strutture motivandole per filo e per segno in ogni meandro, a volte con micromodifiche da quella precedente, a volte con cambi totali, a volte con ribaltamenti, inversioni o cancellazioni di temi. Questo lavoro sedimenta, pare passare invano ma invece lascia solchi, semìni, frutti. Nessuno di questi schemi o varianti ipotetiche sarà quella finale, ma in quell'ultima ci saranno tutte.

La lavagna sarà l'orizzonte di ogni nostra prossima riunione per due anni, il punto verso cui guardiamo, spesso l'ultima cosa che fissiamo prima di alzarci in piedi e dire: «Ce l'ho! Anticipiamo il primo processo all'atto terzo dell'episodio due, così possiamo avere la chiusa con le sirene del tg e soprattutto il secondo processo inizia giusto nella penultima puntata» o qualunque altra proposta di modifica.

Quando il gioco si fa duro, oltre a me e Gianluca, imbarchiamo anche Paolo Bernardelli nella writingroom. Tre teste diverse ma unite nell'intento comune di trovare il modo migliore per far sì che il pubblico si appassioni a questa storia che sta appassionando prima di tutto noi. "Passione" è una delle prime parole che mi segno fra gli obiettivi da non dimenticare strada facendo. Siamo all'inizio e sono già alla fine del primo bloc-notes. L'unica cosa che possiamo prevedere è che ci vorrà tanto tempo.

Ci incontriamo nella stessa stanza per farci domande come: «Qual è l'arco narrativo di Walter Delogu? E quello di De Stefani?»; «Non è sbagliato intitolare "Morte" quella puntata? Noi parliamo di San Patrignano, il centro non è Muccioli, è Sanpa, che vive ben oltre il 1995; allora non è meglio "Declino"?»; «Rimettiamo in fila tutta la vicenda processuale giorno per giorno e in un unico file, che in 'sta cartella ci sono anche le lettere ai nostri avvocati e alcune foto di scontrini di pizze?»; «È un mondo distopico, si potrebbe raccontarlo come fosse un universo parallelo, una storia di fantascienza, con altre regole, bimbi che nascono all'interno della distopia; anche questo non capita spesso: poter intervistare chi è nato pensando che quella fosse l'unica normalità per tutti, Andrea Delogu ci vuole eccome, proviamo a richiederglielo»; «Non possiamo seguire tutti i processi in ogni loro risvolto, servirebbero otto puntate solo per quelli; dobbiamo fare sintesi, altrimenti tanto vale andare nelle case delle persone e scaricare all'ingresso seicento faldoni e mille videocassette: ecco qua l'intera storia, fatevela da soli un'idea, ché noi non vogliamo manipolarla».

L'intento, o almeno quello di base, ce lo eravamo comunicati fin dall'inizio: creare una docuserie senza voce fuori campo, raccontata solo dai protagonisti di allora e di oggi, senza una nostra posizione o giudizio o guida. Loro che raccontano la loro storia. I fatti parleranno da soli. Non servirà aggiungere altro.

«Ma è possibile? Ci riusciremo?»

«Siamo qui per scoprirlo.»

Ci siamo divisi a grandi linee centinaia di ore di materiale d'archivio, così da fare una prima cernita in cui ognuno segnalasse agli altri due cosa convenisse rivedere assieme e cosa invece archiviare accontentandosi della scalettatura fatta dal primo spettatore. Più semplicemente e nella pratica: quel mix di soli tg del 1993 lo dobbiamo vedere tutti assieme; *I ragazzi dello zoo di Berlino* guardatelo anche voi; quel Costanzo del '94 è un uno contro tutti memorabile, con Carmelo Bene, stupendo, da rivedere dieci volte, ma per questa storia non serve; 'sto file è rotto, tocca chiedere di rimandarcelo; queste tre ore sono spazzatura mista sulla droga in Spagna, lasciate pure perdere, ho segnato giusto la passeggiata di un tossico in un parco, ma servirà semmai al montaggio; si blocca al minuto sei, ma i primi cinque sono di luci e fari d'automobile su musica brasiliana orrenda; direi perdibile; qui ci sono un sacco di secondi del periodo delle roulotte, 1978, fighissimi, guardateli perché si capisce ogni cosa anche di quello che accadrà dopo.

Comunicarci e aggiornarci a vicenda su tutto il corpus di immagini che stavamo immagazzinando, per capire meglio la storia, per sapere cosa e come fosse già raccontabile col repertorio, per scoprire e così indicare a chi di dovere se e dove cercare materiale aggiuntivo, per farsi venire idee, per continuare a comporre il puzzle.

Una prima grande visione molto eterogenea, poi arriverà il professionista Daniele Ongaro, che con le sue ricerche troverà negli archivi certe chicche incredibili, puntuali, esattamente quello che serve.

Puoi leggere i libri che vuoi e guardare anni di repertorio televisivo e privato, puoi anche sfogliare e studiare i quotidiani dell'epoca e informarti in ogni modo e maniera, ma è solo una fase preparatoria per l'incontro vero e proprio coi protagonisti, con chi c'era, con chi poi ce la racconterà, questa storia, prima a noi e poi una parte, in video, a tutti. Lo studio è solo l'inizio, la base per partire, ma per quanto riguarda la docuserie deve ancora tutto accadere.

Studiamo e ci incontriamo, ma non vediamo l'ora di parlare con qualcuno che conosca bene l'intera vicenda, dall'interno, i nostri appunti sono già fitti di domande da sottoporgli, ci serve un riscontro con la realtà, vogliamo sentirci dire certe cose da chi le ha vissute in prima persona anche per vedere la faccia che fa e scovare nostre eventuali cantonate.

Il nostro primo incontro fu con Paolo Severi, l'avevamo scelto perché ex ospite di Sanpa per più anni e anche per i suoi attuali rapporti con tanti compagni e compagne incontrati lì dentro, quindi anche per aiutarci a contattarli. Lui si era mostrato molto collaborativo fin dall'inizio e spinto dal desiderio di far conoscere questa storia.

Appena ci sentiamo semipronti e in grado di sostenere una discussione sull'argomento spinoso "La comunità di San Patrignano dalla sua fondazione ai giorni nostri", lo contattiamo. È entusiasta. È al lavoro. È in Alto Adige.

«Quanto alto?» chiediamo. «Scusa, Paolo, il poco preavviso, ma tu potresti venire domani a Milano? Così finalmente ci vediamo in faccia?»

Silenzio.

«Domani? A Milano?» Per lui non sembra facile.

«Se è possibile, Paolo, sennò facciamo un'altra volta» cerchiamo di tranquillizzarlo.

«Va bene domani.» È all'improvviso deciso, uno che non vuole perdere l'occasione, che sta pensando che lo sa come vanno queste cose, si dice altrimenti domani, la prossima volta, e poi tutti spariscono: «Va bene domani!» insiste, definitivo.

«Ottimo, Paolo, sei gentilissimo. Senti, mandaci la tua mail che biglietto e tutto lo paghiamo noi.»

«No, no. Pago io.»

«No. Noi.»

Ci sembra un buon inizio, e il giorno successivo all'improvviso suona il citofono. Paolo Severi arriva in ufficio come un detective di una vecchia fiction – *Law & Order*, o addirittura *L'ispettore Derrick* –, questa è la mia prima impressione. Un signore calvo con gli occhiali fumé, l'impermeabile e forse anche una borsa in pelle; cordiale e curioso; cauto ma arguto; lo ricordo in beige seduto da solo a un lato del tavolo con noi tutt'attorno.

«Paolo, vuoi un caffè? Acqua? Vino? Whisky? Droga?» provo subito a scherzare per vedere se si può scherzare.

«Ho smesso con l'ultima, le altre van bene in quell'ordine» risponde divertito Paolo.

Sì, si può scherzare.

Noi tre siamo comprensibilmente strafelici di vederlo. Il mistero è perché mai lui sia così felice di vedere noi.

«Perché vi aspettavo. Da più di vent'anni. Voi non sapete cosa significhi per noi ex ospiti. Abbiamo bisogno di raccontarla tutta, questa storia. Molti di noi sono fermi lì, a quando è successo tutto. Aspettano. Non siamo pochi. Ma nessuno vuole più parlarne. Nessuno vuole più sentire nemmeno il nome.»

Non lo capiremo subito con questa precisione finché non ce lo dirà lui più o meno con queste parole, ma da subito i suoi discorsi sono permeati dall'urgenza, dal bisogno antico di raccontare. Dall'inizio alla fine. Senza le solite omissioni e reticenze. Perché se non c'è tutto, se non c'è l'intera vicenda almeno per una volta, è come se non fosse mai successa. «Ma è successo. Noi c'eravamo. E infatti tanti di noi la continuano a riraccontare.» È che ai tossici non crede nessuno. Quindi non è accaduto. Significa essere emarginati una volta in più: prima da tossici ora da ex tossici; già appestati, ma per sempre bugiardi, anche a piaghe rimarginate.

«Va squarciato, 'sto velo di omertà, quel che è successo là dentro è importante e riguarda tutti.»

All'inizio Paolo è guardingo, vigile. È lui che sta saggiando noi, come a chiederci da che parte stiamo, cerca di capire fino a che punto siamo disposti a spingerci. Racconta cose terribili e controlla le nostre reazioni. Entra nei particolari. Aggiunge brutture ma accompagnandole ad ammissioni di "certe qualità", di salvati, di altre dicerie, di talune esagerazioni.

«Possiamo registrarti?» chiediamo anche per verificare il grado di veridicità e di disponibilità a prendersi le proprie responsabilità.

«Certo che sì» è la sua ottima risposta al pressure test.

Io che avevo registrato fin dall'inizio dell'incontro premendo REC sul cellulare all'insaputa degli altri mi sento silenziosamente una merda.

Ci capiamo con Paolo, a noi non interessa nascondere niente, a priori non siamo né pro né contro Vincenzo Muccioli, né pro né contro San Patrignano, ci interessa capire tutta la storia, magari propenderemo strada facendo per una posizione o dei distinguo, ma al momento siamo laici, vogliamo sapere e indagare ogni cosa. Dallo schifo ai miracoli, andata e ritorno; siamo disposti a fare anche più viaggi. E lui ne è soddisfatto, è ciò che interessa anche a Paolo, è in contatto con molti ex ospiti di Sanpa e sa che è un'esigenza diffusa: raccontare finalmente tutto, senza coprire le cose brutte, senza dimenticare le cose belle. Quindi è un fiume in piena. Racconta dettagli, fa nomi e cognomi, di molti sa anche l'attuale residenza o almeno l'ultima apparizione su Facebook, collega gli avvenimenti, ci chiarisce alcune lacune date dalla sintesi giornalistica o da vera e propria incuria e approssimazione, a sprazzi con dolo evidente. Ha uno sguardo lucido sulla vicenda, è stato all'interno di Sanpa solo nella parte finale, negli ultimi tre anni, ma ha studiato la comunità dalla sua nascita, ne conosce tutti i protagonisti, fa parte di un gruppo di ex ospiti che si incontra ancora oggi in rete per discutere e a volte organizzare dei revival in pizzeria. Per loro questa storia non è chiusa per niente, da anni si chiedono perché non interessi a nessun altro, ed è la loro vita.

Tempo dopo, a Paolo ho chiesto come fosse stato il nostro primo incontro e lui mi ha detto, ridendo sonoro e in musicalissimo modenese di Sassuolo: «Eccezionale. Come andare dallo psicanalista e dire tutta la verità e da lì si parte».

Da lì "si parte", a ripensarci ora, credo che fosse Paolo ad avere più coscienza di noi che ci sarebbero voluti due anni, che il percorso sarebbe stato lungo.

Durante questo primo incontro, ma in realtà poi lo farà sempre, a suggello di una sua affermazione o del racconto preciso di una vicenda, ci consegna la fonte, ci dice chi era presente e se possiamo parlarci, porta le prove. La sua bella formula di rito è «potete controllare», seguita da tutti gli elementi per rendere ciò realmente possibile. Si vede che ha passato la vita a difendersi, a procurarsi pezze d'appoggio per dimostrare in tribunale la sua buona fede e l'assenza di movente diffamatorio nelle sue azioni. Si vede che ha passato un'altra vita a combattere contro lo sguardo di chi non gliela perdonerà mai e penserà sempre e comunque che i tossici sanno solo mentire, non ci si deve fidare.

«Potete controllare.»

«Lo sappiamo, Paolo, l'abbiamo pure già controllata, ci fidiamo, tranquillo, è la tua versione, non c'è nessun problema.»

Sa quel che dice, sa quel che rischia, non ha paura per

sé, vuole capire se oltre alla buona volontà che ci riconosce subito, c'è una possibilità concreta che tutto ciò si realizzi. Infatti Paolo fa i salti di gioia quando capisce che dietro a questo progetto di docuserie c'è un broadcast straniero, che non sono gli italiani a produrre; glielo si legge in faccia, gli passa negli occhi una scintillina che grida: "Taci che è la volta buona! Dopo ventitré anni, proprio oggi, sta accadendo?!".

Sempre per mia curiosità mi confesserà che a quel primo incontro il suo unico obiettivo era capire la nazionalità del produttore perché, si era detto, se il produttore è italiano, «vi do una mano lo stesso, ma sapevo che prima o dopo vi avrebbero bloccato, senza dubbio alcuno». Anche perché gli era successo più di una volta che gli chiedessero un'intervista e all'improvviso sfumasse misteriosamente tre ore prima della messa in onda; aveva saputo di carriere ostacolate a chi parlava di questa storia; sembrava molto sincero nel porre l'accento sul volerla raccontare nella sua interezza, senza dunque omettere malefatte, ma ripercorrendo anche il bene fatto, così come poi molti altri testimoni insisteranno su questo punto nodale: la completezza. «Noi non siamo contro Sanpa. Ma certe cose sono andate male. Tocca riconoscerlo.»

Poi chiediamo a Severi: «Pensi che queste persone di cui ci hai detto siano disposte a parlare con noi?».

«Sì, oggi sì» risponde lui sicuro.

«Perché dici "oggi"?»

«Vedete, noi ex tossici siamo tutti un po' affetti da *stop & go* emotivi, ci convinciamo che sia bene fare una cosa, ne siamo straconvinti, e poi all'improvviso crolla tutto, no, meglio di no, siamo certi di non volerla più fare. *Stop*. Poi, se ci lavori, torna il *go*.»

«Un po' quello che è successo durante i vari processi? Che ritrattavano in aula ciò che avevano affermato nei verbali?»

«Esattamente. Poi lì c'erano pure pressioni da una parte e dall'altra, tra colpevolisti e innocentisti. Però vedrete che in molti accetteranno la vostra intervista, abbiamo bisogno di parlare dopo 'sto silenzio di decenni.»

Fra le varie cose di Severi che mi appunto a mano c'è: "Sanpa è un paesone medievale; no, è un esperimento sociale; ecco: Sanpa è un modello di società".

«Un episodio di *Black Mirror*» buttiamo lì noi in coro.

«Avete capito tutto» è la sua risposta ambigua ma per nulla scherzosa. Ci inorgoglisce pure.

L'aneddoto che ci fece più sorridere, e credo anche il più memorabile, avviene verso la fine, nel 1994, e si intitola "Arrivano i nostri". Severi è ospite a Sanpa, in giro vede cose che secondo lui «andavano e altre che non andavano per niente», sta sulle sue per paura di ritorsioni punitive, vuole passare indenne il proprio periodo. Poi scoppia il processo anche sui giornali, c'è un cadavere, si parla di concorso in omicidio e Severi dice: «Adesso arrivano. Commissariano tutto. C'è il morto, arrivano di sicuro! E invece niente. Poi esce la cassetta di Delogu con la voce di Muccioli. Be', mi dico, adesso i nostri arrivano eccome, arriveranno con la cavalleria, stiamo tranquilli. Poi ha vinto Berlusconi, amico di Craxi. Ah, no, allora non arrivano più, mi dico, niente nostri, rimarremo qua per sempre chiusi in questa enclave. Poi Berlusconi cade, c'è il governo Dini! Cazzo, allora forse arrivano; dài che arriva Lanfranco a cavallo. Ma niente. Per me era evidente che doveva arrivare lo Stato a salvarci. Non arrivando ho pensato che questi di Sanpa fossero onnipotenti. Avevo ventinove anni».

Paolo è un incontro importante perché ci aiuterà anche a scovare altri testimoni, a organizzarli e tenere le fila con alcuni, sapergli parlare con le parole giuste. Dopo averci spiegato uno dei problemi maggiori degli ex tossici, dice che si farà carico lui della gestione dei loro *stop & go* emotivi. Ci aprirà pure alcune porte che probabilmente avremmo ignorato o ci sarebbero state precluse.

Ma per me Paolo è soprattutto la promessa che ci estorce senza formularla: è come se ci passasse il testimone, è come se ci dicesse: io vi aiuto ma voi mi promettete che non vi fermerete finché la storia non sarà in onda accessibile a chiunque; non prendetemi in giro, è troppo tempo che cerco un luogo sicuro per vuotare il sacco e riunire tutti i fili; ho scritto un libro, sapete che ho pensato di emigrare per poter convincere i fratelli Dardenne a farne un doc? Sapete che tempo fa ho provato a contattare Ken Loach scrivendogli di mio pugno? Mi ha risposto la sua segretaria, gentilissima. Ma non ce l'ho mai fatta. Ho aspettato una vita che arrivassero i nostri. Sapete chi sono i primi nostri che vedo arrivare dal 1995? Voi. Ecco, questa è l'ultima possibilità che mi do. O va o basta, mollo il colpo anch'io; sono stanco. Vedete di non fallire. Promettetelo.

L'ho promesso, a me stesso, e ce lo siamo promessi fra di noi appena Paolo Severi è uscito dall'ufficio: «Questa storia va raccontata dall'inizio alla fine».

La writingroom nel frattempo ha imbarcato pure Elena Grillone, autrice junior, indispensabile con tre confusionari che passavano il tempo a dirsi «questo appuntiamolo» accorgendosi mesi dopo che nessuno lo faceva pensando che lo appuntasse l'altro.

Il gruppo che si allarga è bello, fa sentire protetti, fa capire che ci siamo, ci dice che stavolta si farà, ora però tocca farlo molto molto bene.

«Ciao, ci vediamo fra sette giorni.»

Ci siamo dati una settimana di pura visione, separata, singola, ognuno ha centinaia di ore in una cartella che porta il suo nome. Vediamo dove arriviamo. Sarà un viaggio nel tempo? Torneremo tutti?

Rientro a casa in metropolitana, ascolto la musica in cuffia. Come spesso capita, l'umanità che procede con la propria vita e muove le labbra mute come pesci nell'acquario apparecchia una sorta di ignaro videoclip a mio privato uso e consumo. Il titolo di oggi è *Ognuno ha una storia da raccontare*. A un certo punto è come se infervorati si unissero in un coro in cui però le singole voci si stagliano precise e combattive, desiderose di emergere: «Scegli me! Scegli me!».

Mentre cambia la canzone, penso a queste parole di Paolo Severi: «Tutti prima o poi incontriamo la droga. Anche chi poi sceglie di non drogarsi».

Alla mia fermata mentre scendo in ritardo, sale uno biondo che ha il suo profumo e una cravatta orrenda. Non può essere Marco. Mi volto quando il treno è già partito e non riesco a vedere nulla. Potrebbe essere chiunque. Potrebbe anche non essere biondo. E i profumi si confondono con la memoria. Resta una cravatta orrenda.

10

Marco

Intorno al 2010 rincontrai Marco. Non lo vedevo da quasi vent'anni. Usciva da un negozio. Io camminavo sul marciapiede che andava a stringersi a causa di una di quelle pensiline di vetro che riparano i passeggeri seduti in attesa del mezzo pubblico. Ci siamo all'improvviso visti da molto vicino, riconosciuti e stupiti.

«No! Che ci fai qui?»

Quando avevo quattordici anni – e Marco un paio in meno – imparavamo a giocare a tennis nello stesso circolo, due volte alla settimana, spediti o accompagnati dai nostri genitori. Ricordavo di averlo visto quasi solo lì, che però significava anche appena fuori dal circolo. L'ora abbondante di lezione di gruppo di tennis prevedeva un riscaldamento fisico di venticinque minuti condotto da un severo e muscoloso insegnante che in sostanza ti faceva correre per chilometri nel parco adiacente, con soste forzate per estenuanti sessioni di esercizi. Soste che solo io e Marco reputavamo fossero per bere – alleluja! – alla fontanella, finendo così ogni volta redarguiti e puniti con piegamenti aggiuntivi.

Amo il tennis, un po' meno il riscaldamento; sono uno di quelli che per non far fatica a spostarsi bene sul campo e andare incontro alla pallina a un certo punto "vanno di polso". Infatti perdo.

Con Marco ci trovammo presto d'accordo che il riscaldamento non andasse fatto più di una volta alla settimana, quindi l'altra, di solito, ci incontravamo fuori dal circolo, fingevamo di entrare in caso di presenze famigliari come fratelli, sorelle, spie, e poi andavamo nel parcheggio del supermercato lì di fronte per tardare *casualmente* proprio di venticinque minuti il nostro ingresso alla lezione di tennis. Oppure, se le chiacchiere o il momento lo imponevano, decidevamo di bigiare l'intera sessione. «Tanto ormai abbiamo saltato il riscaldamento, non vorrai mica che ci stiriamo i tendini al primo smash?» Questa seconda pratica, fra noi, la nominavamo a bassa voce "riscaldamento autonomo".

Andò avanti per tre anni, la nostra amicizia saltuaria ma ben cadenzata, io alla fine ne avevo quasi diciotto. Quando parlavamo sembrava sfruttassimo il fatto di non appartenere l'uno alle amicizie dell'altro, ci sentivamo più liberi e desideravamo avere un giudizio non invischiato, uno sguardo esterno, un arbitro o forse un amico di cui fidarsi. Oggi mi verrebbe da dire che ci incontravamo come fossimo in psicoterapia uno con l'altro, due volte alla settimana, il martedì e il giovedì, una volta seduta di chiacchiere e tennis, l'altra esercizi fisici e tennistici di gruppo, salvo emergenze. Eravamo ragazzini e ci confrontavamo su cose per noi fondamentali: il diventare grandi, il come guadagnare, l'amore. Ricordo che spesso bevevamo delle lattine di Coca-Cola acquistate singole nel supermercato: entravamo, ne inserivamo furtivamente due nel freezer dei surgelati, prendevamo l'uscita "senza acquisti", dopo dieci minuti si rientrava per acquistarne... solo una! L'altra lattina veniva traslocata in mezzo al fresco dei formaggi per un eventuale secondo acquisto, ma senza il danno di abbandonare una bomba gasata chiusa in un deposito di fagiolini e broccoli ghiacciati.

Erano gli inizi degli anni Novanta. Nel parcheggio c'era di frequente una coppia di tossici, col cane, lei i capelli gialli tagliati credo a morsi, lui che per stare in piedi azionava una quantità incontabile di micromovimenti eseguendoli senza mai rimanere fermo in una sorta di superrallenty infinito – un ballerino, un maestro di tai chi –, me lo ricordo ipnotico.

L'altra cosa che ricordo ora è che quando capitava di dire a qualcuno, di solito per lamentarsi, che a tennis il maestro ci faceva correre a lungo in mezzo al parco, la reazione dei presenti era invariata: «Oh mio Dio, in mezzo alle siringhe?»; «E non avete paura di pungervi con un ago?»; «Ma il tennis non si fa portando le scarpe di tela?»; «Ma la mamma lo sa?».

Io e Marco non parlavamo ancora di droga, fumavamo sigarette – io ho iniziato presto, a tredici anni, in bagno, di nascosto dai miei – e parlavamo di canne, ma non fumavamo hashish di giorno prima di giocare a tennis, mica eravamo dei drogati, ai tempi.

Nonostante la bella amicizia, nessuno dei due si ricorda come ci siamo salutati l'ultima volta che ci siamo visti. Non sappiamo nemmeno se ci sia stato un vero addio o qualcosa di assimilabile, tipo la festa dell'ultimo giorno del corso di tennis. Ci siamo poi detti che probabilmente ognuno dei due pensava che l'anno successivo avrebbe rinnovato l'esperienza al circolo, e quindi non è che ti segni sul calendario: ultimo giorno di tennis; ma solo perché non lo sai. Poi invece a settembre si son fatte scelte diverse e non ci siamo più visti.

I cellulari come obbligo sociale sarebbero arrivati poco dopo, ma non avendo noi i rispettivi numeri, durò un lunghissimo silenzio di totale ignoranza reciproca.

Fino al 2010.

Fino ad arrivare davanti alla fermata dei mezzi di trasporto, almeno diciassette anni dopo l'ultima sigaretta assieme.

«No, *tu* che ci fai qui?»

«Sediamoci un attimo. Hai tempo?»

«Sì.»

«Ci mettiamo qui sulla panchina?» dico circumnavigando la pensilina di vetro e indicando le sedute pubbliche d'attesa.

«Va bene. Anche se mi fa ridere» risponde lui. E mi racconta che in casa sua la leggenda narra di una vecchia parente, ancor più rigida di quanto non lo fosse la sua intera famiglia, che all'offerta: «Zia, siediti lì sulla panca che c'è da aspettare il bus», rispose timida-aggressiva: «Preferisco stare in piedi, quello lì mi pare proprio un posto da drogati».

D'un tratto mi tornano in mente le chiacchiere intime di vent'anni prima, sembra una brutta dissolvenza cinematografica, di quelle banali con il sottopancia "diciassette anni prima" o "vent'anni dopo", il più classico dei flashback. Ma dal vivo invece, devo dire, è solo accogliente. Non abbiamo bisogno di didascalie. Ci siamo interrotti molti anni fa e ora riprendiamo, ciascuno che non fa parte della cerchia di amicizie dell'altro, così com'è da sempre, e ci sentiamo liberi di raccontarci tutto.

Marco mi sembra in gran forma, è ancora biondo, me lo ricordavo un po' più basso di me ma ora direi quasi il contrario, ha un sorriso intelligente e da furbetto come ha sempre avuto, gesticola come un matto nelle maniche corte della t-shirt verde che indossa stretta sulle spalle e mi dà delle gran pacche d'abbraccio e d'entusiasmo che nell'urto mi risvegliano e mi fanno volergli bene. I capelli lunghi che portava da ragazzo ora sono ben più corti, da ragazzino sembrava un calciatore – ma forse perché lo vedevo spesso in tuta o nello spogliatoio –, ora non lo so. È sposato con Eva da tre anni, lavora in un ufficio in cui si annoia, gioca a calcetto e pallanuoto, aspetta il weekend «già da inizio martedì» si fa scappare due volte, dice vediamoci, la sera dopo siamo davanti a una pizza bevendo birra a ricordare il maestro di tennis che ci urlava: «Forza con quei gamboni, vogliamo alzarli 'sti carciofoni?».

Ridiamo, scherziamo, mi sembra molto bello, Marco, tanto che alla seconda battuta sulla cremosità del seno della cameriera – la scelta della parola, che io avrei volentieri lasciato al campo della pasticceria, è sua – mi sembra doveroso avvisarlo: «Sono gay, Marco; quindi è una cremosità sulla quale rischio di deluderti, per disinteresse. Ne ho assaggiate pochine».

Ride, come se la mia fosse una battuta, e anche una delle più belle della serata, e riprende a coinvolgermi in discorsi di consistenza e capezzoli duri come chiodi.

«Marco, sono omosessuale, davvero.»

«Ma dài, ma non è vero.» Non ne vuol sapere.

«Non lo sbandiero ai quattro venti, non è un argomento pubblico, ma sono omosessuale.»

«Non ci credo. Olmo è omosessuale? Dài!»

«Che c'entra, Olmo è un personaggio che interpreto in tv. Sono io che sono gay.»

«Non ci posso credere, Carlo. Non ci credo.»

«Non so come fare. Se vuoi andiamo insieme in bagno e... te lo mostro?» scherzo.

«Ma sei scemo? Io?! Io sono un tradizionalista: solo la patata.»

«Lo so bene.»

«Son sposato!»

«Questo invece non vuol dire niente.»

«Ma ti pare che io...? Oh, non ho niente contro i gay, io ho un sacco di amici... come si dice sempre, ma è davvero così!»

«Non lo metto in dubbio. Non pensavo che fossi omofobo.»

«Ma te gay proprio non me l'aspettavo, non si capisce per niente, non hai nessun atteggiamento da donna.»

«Perché non sono una donna. Sono gay.»

«Lo so, ma di solito si vede, no?»

«No. Non per forza. Io per esempio sbaglio sempre, ho il cosiddetto gaydar rotto.»

«Il che?»

«È il radar innato per cui i gay riconoscono gli altri gay. Ecco, io invece ci provo spesso con etero convinti, che peraltro di solito non credono che io sia gay e pensano sempre stia scherzando. È una vita terribile, la mia.»

«Come me.»

«Esatto. Però con te non ci stavo provando» ci tengo a precisare.

«Lo so, figurati; di me che sono etero lo sai. Però se cambio idea sei il primo che chiamo, promesso. Anche solo per farmi prestare delle scarpe col tacco.»

«Ancora?! Non sono una donna, sono un uomo felice di avere il pisello a cui piace un sacco il pisello altrui. Devi mettertelo in testa sennò non capisci niente.»

Non posso dire che ricominciammo a frequentarci subito, ma ci tenevamo aggiornati con dei messaggini stupidi o interlocutori, a volte si lamentava della moglie, mi parlava di altre donne con cui andava o sarebbe voluto andare, mi chiedeva di gossip televisivi di cui non sapevo nulla. Non mi credeva nemmeno su questo, così come dubitava della mia omosessualità.

Una notte, saranno state le due, mi scrive solo: "Ci vediamo?".

Sono bevuto e annoiato dalla mia stessa ubriachezza e digito: "Okay". Lo raggiungo in un locale, sta con una ragazza molto magra che anche da quello che poi mi urlerà lei nell'orecchio non mi è chiaro se sia una modella, una dj o l'amante ufficiale di Marco; o semplicemente le tre cose insieme, mi sovviene ora, che sono sobrio. Si balla, si beve di nuovo, si scherza. Io chiacchiero con un ragazzo molto carino che non pensa lo stesso di me, oppure lo nasconde davvero bene. Marco mi sembra divertito in quello che suppongo sia il suo primo tentativo di consolare un gay rifiutato, fino ad arrivare a dire: «Carlo, guarda quanti altri bei ragazzi ci sono in questa discoteca, vuoi che ti aiuti?».

«No.»

«Scusa» dice, ma poi rivolge le stesse parole a un giovanotto che sembra un universitario alla sua prima volta in discoteca a Milano, afferrandolo pure per un braccio come fosse un'emergenza: «Scusa, scusa! Il mio amico è gay», e mi indica: «Tu conosci qualche...».

«Smettila!» Interrompo questo siparietto liberando l'universitario trevigiano e poi parlando molto chiaro a Marco: «Non ho bisogno di 'sto circo. Non andare in giro a dire che sono gay. Mai più. Fatti i cazzi tuoi! Son già bravo a infilarmi nei casini da solo».

Poi la serata ci diverte e dimentichiamo tutto. Mi riaccompagna a casa, sono contento perché ho bevuto troppo. Prima portiamo Clara, si chiamava così la modella-amante-dj, io mi sdraio dietro, sento poco delle loro chiacchiere su prossimi appuntamenti: non ci sei mai, ma se ci sono sempre, non ci sei mai, è lo stesso che dice mia moglie quindi è evidente che son sempre con te. La città da sotto in su di notte è luminosa e poi subito buia e poi di nuovo luminosa a causa dei lampioni, ma in generale è più luminosa che a star dritti e normali. Arriviamo non so dove, saluti e baci, alla prossima, ora porto a casa te, Carlo, va bene, mi siedo davanti. L'odore di vaniglia mi sembra forte mentre lui parte. Cerco di contenere il malessere dentro smorfie facciali più buffe che allarmanti.

«Ti va se facciamo un giro?»

«Sì. Non ho preferenze su dove vomitare. Scherzo», ma non so se sto scherzando. Guardo Milano dai finestrini mentre deglutisco nella vana speranza di aggiungere nello stomaco liquido non alcolico che vada così ad abbassare la media della presenza etilica totale. Deglutisco ancora pensando a quanto sia stupido questo pensiero, visto che la saliva che butto giù è la mia. Mi scappa da ridere e guardo Milano e basta, è meglio. Sempre bella. Che poi non è bella per niente, è proprio un'altra cosa; è materna, non è che stai a chiederti se tua madre sia bella o brutta, è tua mamma. Milano è tua mamma. Punto. O di nascita o d'adozione. Girovaghiamo. Di notte non c'è nessuno, poi guardi bene e c'è un sacco di gente, sveglia, che fa cose, non per forza le stesse che stai facendo tu. Anche mia mamma l'ho sempre vista sveglia, sempre, e se sembra che no, si ridesta all'improvviso e attivandosi si giustifica: «Mi si sono chiusi un attimo gli occhi, non stavo dormendo». Milano uguale: se anche sonnecchia ha sempre più di due occhi vigili.

«Vuoi un tiro?» Estrae la cosiddetta "mutanda" di un pacchetto di sigarette, il sacchettino in cellophane che lo ricopre, e dentro, dandogli la forma di un pendolo, ci saranno un paio di grammi di cocaina. Lo riconosco, quel pessimo packaging di strada.

«No, ho smesso» confesso io rinunciando. E ho smesso davvero, ma la chiamata, l'invito al ritorno, le sirene tentatrici suonano forti e chiare alle orecchie di chi ci è già passato.

«Neanche un richiamino? Per scioglierti?»

«Non pippo più, nulla.»

E lui mi guarda con una ammirazione fiera mista a scherno che ho impressa in testa. Allora mi ha fatto ridere e gliel'ho pure detto, ma ora mica tanto; no, ridere per niente.

«Ti dà fastidio?»

«Se ti droghi tu? Ma figurati. Fermerei solo la macchina» consiglio.

Non so dove andiamo, ma finiamo coi fari molto vicini a un albero, dove freniamo tranquilli, e sia prima sia dopo aver spento i fari, sembra un film dell'orrore di serie B e anche molto divertente. Uno *splatter*.

«È la classica scena in cui quello più grasso e con l'erre moscia esce un attimo per fare pipì o perché ha sentito un rumore e viene massacrato da lame rotanti, un fegato sanguinolento finisce nelle foglie del sottobosco, un braccio fa ciaociao mentre vola strappato a morsi, un occhio si spiaccica proprio qui sul parabrezza, e resterà lì a guardarti. Marco, per tutta la notte, mentre fuggi in cerca di aiuto correndo con l'auto, ci sarà un mio bulbo oculare proprio qui incastrato tra il vetro e il tergicristallo a fissarti.»

Marco si droga. Io chiacchiero. Parla di Clara, di quello che fanno a letto quando scopano, e si tocca il sesso, ma sottolineando che sta parlando di fica, di donna, quindi è del tutto normale che si strofini l'uccello, senza vergogna ma fermandosi appena dentro i confini dello spogliatoio, del goliardico, del socialmente etero, del disinnescabile con un: «Stavo scherzando! Adesso con voi froci non si può più ridere?». Conosco bene queste tecniche di seduzione, le ho interpretate in entrambi i ruoli. Marco sorride e sembra voglia far notare che non sta troppo in sé, che la vita si vive una volta sola, che è una serata perfetta. Viene sete a entrambi.

«Qualunque cosa, qualunque! Sete!»

Andiamo a casa mia, in taxi.

«No.»

«Se guidi tu non andiamo da nessuna parte, se accetti un taxi beviamo tutto quello che vuoi.»

«Taxiii!» urliamo assieme, d'accordo.

Poi lo chiamiamo col telefono, perché a voce arrivano solo nei film.

Durante il tragitto neanche una parola. Solo dei sorrisi che quando esplodono sonori vengono all'istante zittiti da entrambi, come fosse una cosa divertentissima ma ipersegreta fra due deficienti in macchina col preside.

In ascensore: «Vivi da solo?», «Sì», «Beato te».

In casa finiamo già al buio a letto ed è un sesso magnifico. Mentre si spoglia con la foga dello sportivo mi si stampa un sorrisino in faccia, di pura gioia, fino alla fine dell'ultimo calzino grigio, quando mi sorride anche lui e mi si butta addosso come in una mischia. Fa cose che si vede che ha sognato da sempre.

«Mi fai male.»

«Anche tu.»

È tanto il caldo che sprigionano due corpi trentenni che si placcano in una vasca di sesso, possesso e parecchie parole. Come «scopami», «è bellissimo», «non ti fermare», «baciami», «vorrei vederti così ma con una racchetta da tennis in mano».

11

La macchina del tempo

Rivivere per dodici ore al giorno gli anni Ottanta, subendo il bombardamento di telegiornali e televisione generalista già assorbito all'epoca da minorenne, per poi passare le altre dodici ore fra il sonno e la realtà del 2018, è un esperimento curioso, soprattutto se protratto per giorni.

In quel periodo ho avvisato il mio psicoterapeuta. Mi ha detto: «Hai fatto bene a dirmelo; registra quello che ti accade».

Cosa mi accade?

Intanto mi diverto e mi sembra un privilegio avere la possibilità di rivedere e studiare ciò che avvenne molti anni fa.

«Basta! Smettetela di guardare la televisione. Adesso la chiudo in un armadio! Andate in camera vostra a far qualcosa di più utile» urlava mia mamma a noi cinque figli mentre assistevamo agli stessi spot, agli stessi programmi, a questo stesso materiale che ora sto ripassando come uno studente un po' lento che alla prima visione deve aver capito poco.

Le telefono per dirle che sto guardando ciò per cui ci sgridava da piccoli. Cerco di scagionarmi vantandomi del fatto che questa volta sono pagato per farlo.

«Mamma, è lavoro.»

«Vedi che avevo ragione? Ai tempi era proprio inutile, infatti li stai rivedendo!»

È piuttosto imbattibile, mia mamma.

Vedo ore di telegiornali, vedo la pubblicità dell'olio Cuore, delle caramelle Tabù e del formaggio Jocca, vedo il concorso Lines sederini famosi del 1987, vedo *Mixer* cambiare conduttore, ascolto Biagi e Zavoli, vedo e sento Montanelli dire: «L'educazione è crudeltà» e me lo appunto, vedo Maurizio Costanzo che conduce *Grand'Italia* sulla Rai, vedo lo spot contro l'AIDS, vedo il *prossimamente* di *Visitors 2*. Tra i prodotti più reclamizzati ci sono tante enciclopedie pratiche e teoriche a fascicoli settimanali, tipo *Psiche*; nel mondo dei rasoi usa e getta nel 1982 siamo ancora felici al bilama come novità; ci sono degli speciali droga, dei dibattiti notturni, c'è spesso Muccioli riverito fra gli ospiti e televisivamente lui è molto bravo a catturare l'attenzione. C'è Magalli coi *Fatti vostri*, i vari *Rocky* con Sylvester Stallone in replica in tv, nel 1988 c'è la prima visione del quarto capitolo, su Canale 5 alle 20.30, becco l'annunciatrice felice di dare la notizia. Io *Rocky IV* lo vidi al cinema quando uscì, era il 1986; erano tempi in cui i film ci mettevano più di due anni per approdare dalle sale al televisore casalingo e io scrivevo ancora il mio diario quotidiano. Nelle pubblicità c'è molto alcol, soprattutto superalcolico, detersivi, automobili, il galletto amburghese Valle Spluga, Grappeggia che sembra anticipare Ikea, il pH della pelle sembra fondamentale; vedo Paolo Villaggio che, triste, prova a giustificare le violenze di Muccioli: «Sono gli schiaffi che noi genitori progressisti non abbiamo avuto il coraggio di dare» e lo risentirò parecchie volte; forfora e brufoli la fanno da padrone, c'è la camicia coi baffi Collofit, tantissime donne che vengono sgridate da anziane perché sbagliano candeggio, l'orsetto Coccolino.

Non seguo la cronologia in questo mio tuffo nel passato, è un generico "anni Ottanta che però vanno fino al 1995". Poi, ripensandoci, essendo io del 1974, è più facile dire che è un periodo che va dall'età della ragione ai ventun anni, in pratica tutti i miei primi vent'anni di vita, un periodo che così ha una sua logica e una sua definizione anche se personale.

Reimmergersi nel contesto del proprio passato è piuttosto smascherante, la distanza e il senno di poi ti fanno sorridere di ciò che prendevi per oro colato da bimbo. Io ero sicuro che quel detersivo in quanto blu lavasse molto meglio, che quell'olio fosse davvero dietetico, che la televisione non mentisse mai. Ora mi sembra impossibile averci creduto anche per un solo istante. È tutto così smaccatamente finto, gridato, sorridente al limite della paresi facciale. La distanza rende palesi certi meccanismi, non so se è il giusto compimento del detto "il tempo è galantuomo" o se siamo più nell'ambito del "le bugie hanno le gambe corte". Siamo stati educati, la popolazione italiana è cresciuta davanti a questi programmi; poche cose come la televisione mostrano le mutazioni di una comunità nel loro diventare abitudini, mode, cliché, di tutti.

Mi colpisce molto l'impreparazione che mostriamo non appena "la televisione" ci fa una domanda per strada. Quasi mi commuovo a vedere come rispondevamo noi italiani a una qualunque telecamera: la titubanza, il terrore di sbagliare, l'incertezza, quel risolino nervoso e vergognosetto rivolto ai conoscenti presenti, la timidezza palpabile. In confronto oggi siamo tutti attori diplomati, conferenzieri e commentatori sgamati, tra interviste, pareri, social, la cresima del nipote che quest'anno è in diretta streaming ma le zie leggono le Letture da remoto, le riunioni su Zoom, nonna fai un video per Sissi che te ne ha mandato uno di quattordici minuti su Instagram e lei ha solo sei anni mentre tu quasi cento.

Più vedo e più riconosco il ruolo centrale che questo elettrodomestico ha avuto. Vale la battuta satirica: «L'Italia è una Repubblica democratica fondata sulla televisione». È lei che ci ha insegnato l'italiano, è lei che decide come vestirci e cosa ci piace, come ci si pettina e con quali parole ci si esprime, è sempre lei a influenzare l'opinione pubblica perché è riconosciuta dalla collettività quale portatrice di verità, sposta voti, indirizza processi, ci rende uniti al suo cospetto come tifosi della Nazionale. «L'ha detto la televisione» è la patente di «giusto e famoso», e pare che nessuno desideri di più. Ma soprattutto, quando non guardiamo la televisione, molto spesso parliamo di televisione o di ciò che non abbiamo visto perché stavamo guardando "dell'altra televisione" su un altro canale. Siamo in una fase avanzata della tv italiana, che inizia le trasmissioni in bianco e nero su Programma nazionale nel 1954, ma ora attraversa l'epoca d'oro delle tv private: oltre al colosso Rai ci sono le tre reti Fininvest che sgomitano senza esclusione di colpi per farsi spazio e guadagnare ascolti, dando in pasto agli italiani "quello che vogliono" o "quello che è bene che vogliano" o addirittura "quello che finora non vi mostrava nessuno".

Un giorno, tra un tg e un faccia a faccia non ricordo fra chi, riempie lo schermo del televisore la pubblicità di un neoinventato videoregistratore VHS: oggetto per noi avveniristico che chiedemmo per svariati Natali via letterina e alla fine anche proprio a tavola alzando la voce con scarso successo, e oggi molti non comprendono nemmeno la sigla di questo dinosauro tanto fondante quanto da tempo scomparso dai nostri salotti. E di fronte al suo ricordo non può non tornarmi in mente un altro momento della mia vita in cui mi sono sottoposto a centinaia di ore di visione prendendo appunti forsennati su carta: i decenni di giuria del festival.

A metà anni Novanta, con Beniamino e Lorenzo, abbiamo fondato il Milano Film Festival. Ricordo bene le diverse edizioni in cui le opere in concorso arrivavano, a noi giuria selezionatrice, in VHS; i DVD erano ancora lontani. Migliaia di videocassette spedite in buste protette da pluriball. Per organizzarmi la nottata di visione, andavo in sede in motorino con uno zaino da montagna in spalla dentro cui stipavo una cinquantina di nastri, poi passavo la notte ad alzarmi dal divano dopo la visione di ogni singolo film: premevo EJECT, attendevo quel tempo di espulsione che per me costituiva ormai un'unità calcolabile durante la quale riconoscevo i rumori dei vari meccanismi, mi inchinavo davanti al videoregistratore, sostituivo il cortometraggio – appena uscito ancora caldo – con la nuova videocassetta, la pigiavo dentro, tempo d'attesa con dolce suono di rotelle e nastro, premevo PLAY, tornavo a sedermi sul divano con blocco e penna in grembo, attendevo le immagini annotando titolo, regista e numero d'iscrizione. Quando ad alba sopraggiunta inserivo l'ultima VHS ero felice, perché sicuro che sarei andato a dormire prima di tornare in sede a fare un nuovo carico, una certezza data dall'assenza in casa di materiale da visionare, non avrei potuto fare diversamente.

Oggi siedo di fronte al mio pc e in cloud ho tutte le centinaia di ore da vedere e nessuna possibilità di fingere una pausa per andare fino a casa di Gianluca a prendere, chessò, il cofanetto con gli episodi di *Quelli della notte* di Arbore. Anche perché Gianluca ha caricato in condivisione pure quello in una cartella nominata VARIE DELLA NOTTE.

È comodissimo. Non c'è null'altro da dire. Oggi è tutto molto più comodo. La nostalgia va bene, come possono piacere le case di ringhiera a Milano, ma il bagno sul balcone in comune per tutto il piano no, non era una figata, non ci manca per niente.

Anche questa cosa del "si stava meglio" viene piuttosto frantumata dalla visione di materiale d'archivio. Amiamo lamentarci, descrivere lo schifo, dare la colpa ai nuovi arrivati e ai tempi moderni, ma ha ragione la *factfullness*, a guardare i dati sulla salute, sull'istruzione, sulla mortalità infantile e – passatemi la minuzia stupida figlia di queste visioni recenti – sul volume delle capigliature, le cose sono di gran lunga migliorate. Poi si può rimpiangere l'odore della carta come spesso faccio anch'io, però pensare che copiare a mano ogni singolo dato sul Covid-19 proveniente da tutto il mondo alla ricerca di un vaccino sarebbe stato più romantico dell'uso di un computer, questo no, non vale nemmeno per un secondo.

Ricordo che nei molti anni di giuria del festival, chiacchierando con Beniamino, ci trovavamo d'accordo nel reputare incredibile questa possibilità che ci eravamo creati da noi: una finestra sul mondo, persone da ogni angolo della Terra con una storia da raccontare per immagini che ci spedivano la loro visione, il più pazzesco tg-talk-show mondiale seduti comodi sul proprio divano.

«Comodi mica tanto, alzandosi ogni sette minuti per sostituire la videocassetta, vacca boia!» mi lamentavo io.

«No, Carlo, ho comprato una prolunga, adesso tengo il videoregistratore sul divano» mi apre gli occhi Beniamino con una certa dose di noncuranza.

«E quando pensavi di dirmelo? Geniale. Ben, quando ti è venuto in mente? Dovevi chiamarmi! Hai risolto il problema!»

«Quasi due anni fa.»

«Sei una merda.»

Vedo la réclame di uno spazzolino da denti che annuncia una gigantesca novità, lo spazzolino con il dentifricio dentro, ovvero delle capsule di dentifricio che si premono nel manico di uno spazzolino modificato, cosicché una dose di pasta dentifricia fuoriesca dalla base delle setole della spazzola. Lo spot si chiude con un ragazzo che si lava i denti con una nuova freschezza e vitalità, evidentemente parecchio giovato dal non esser stato costretto a quella faticosa operazione che è spremere un po' di dentifricio dal tubetto prima di strofinarsi i denti. Mi immagino gruppi di creativi dell'epoca, probabilmente di stanza nella Milano da bere appena prima che fosse bevuta, sicuri di avere per le mani l'invenzione rivoluzionaria del secolo, certi che quello fosse un punto di non ritorno. Scommetto che qualcuno di loro avrà pure investito pregustando il benessere del successo.

«Dài, adesso c'è lo spazzolino con il dentifricio dentro, chi vuoi che compri quello antico di una volta che devi star lì ad aprire il tubetto e poi sporchi in giro e poi non sai mai quanto ne devi mettere? Basta! Da oggi c'è lo spazzolino con il dentifricio dentro. Sai cosa? Si chiamerà solo spazzolino; perché quello che usi tu da adesso verrà chiamato "spazzolino senza dentifricio dentro", quello dei vecchi che ancora oggi si tagliano la barba con una sola misera lama. Ascolta un cretino: compra azioni della SpazConDent S.p.A.! Sono un affare. Ma lo sai che mio cugino molla tutto e apre un negozio monomarca in Veneto?»

E chi se lo poteva aspettare che invece fosse un flop totale? A vedere lo spot hai idea che quello sia il funerale degli spazzolini tradizionali, il 1982 la data della loro dipartita. Nessuno direbbe che sono ancora qui nel 2021 a combattere fieri contro quelli elettrici su tutti gli scaffali del pianeta: eretti, essenziali, portasetole, immutati da secoli.

«Ci manca solo che devo ricordarmi di cambiare le pile allo spazzolino! No, no, no, io uso solo lo spazzolino di una volta. Basta muovere la mano su e giù. Cos'è? Avete paura di morire di fatica?» La posizione di mia madre sulla questione.

La chiamo.

«Mamma, tu ti ricordi lo spazzolino col dentifricio dentro?»

«No.»

Ma appunto, col senno di poi è troppo facile. Lo spot riavvolge il nastro del tempo, a prima, a quando si poteva ancora essere tutti sorridenti e fiduciosi nell'avvenire per questa incredibile epifania del neospazzolino del futuro.

Gli appunti di queste *full immersion* sono pieni anche di cose minime, stupide, inutili. Mi segno ad esempio quello che immagino sia uno dei primi servizi televisivi, lo sdrucciolo fondatore Mùccioli viene chiamato Mucciòli, con l'accento piano, sbagliato. Ricordo anche un articolo di giornale che gli attribuiva la comunità di «San Patrizio», forse ingannati dall'acronimo *SanPa* e ignoranti del nome Patrignano. Però segnala anche qualcosa di importante, questo è quel momento in cui non sei ancora nessuno per la cronaca, è una sorta di ultima apparizione da vergine, è il fischio che segna l'inizio dell'interesse, l'evidenziatore che ti fa giallo in una vecchia foto in bianco e nero. Dal giorno successivo nessuno si sarebbe mai più permesso di storpiare il suo nome, se non per denigrarlo di proposito. Mi piacciono queste due immagini: lui chiamato col nome sbagliato in tv e poi lui a tutta pagina sulla copertina di un settimanale. Un arco narrativo in due istanti. La sintesi dell'uscita dall'anonimato, il percorso dell'affermazione, l'essere identificati e poi riconosciuti.

Mi segno il sottotitolo di *Grand'Italia*: «Conversazione con uso di spettacolo», perché non ricordo di aver incontrato una miglior sintesi, anche se dal sapore antico. Ho pure stenografato un incipit, sempre di Maurizio Costanzo, perché nel suo sembrare un reperto archeologico della televisione, è insieme bibbia per presentatori futuri: «Ora vedete queste poltrone vuote» dice baffuto, paffuto, in piedi con l'eterna cartellina in mano, «ma fra non molto, appena lo show comincerà, saranno piene di ospiti che animeranno come han sempre animato dall'inizio questo salotto televisivo. Loro, gli ospiti, racconteranno un po' di voi; io cercherò di sapere un po' di loro; voi a casa capirete un po' di noi e un po' di loro e tutti quanti insieme cercheremo di raccontare l'Italia; quella vera. Per capirla, per prenderla un po' in giro, ma anche per raccontarci e per raccontarla, e per migliorarci e per migliorarla. Lo show è fatto di queste piccole o grandi verità».

Adesso lo sappiamo cos'è un talk, come sappiamo cos'è la ruota, la pizza, il cellulare, ma ai tempi andava spiegato. Altrimenti mia nonna non capiva come mai questi signori si ritrovassero in quel salotto a chiacchierare dei loro fatti privati davanti a milioni di spettatori a casa. Ecco perché è bello sentirlo. È come ritrovare qualcuno che ti spiega l'automobile, l'energia elettrica, a cosa serve il telefono, perché potrebbe piacerti avere un televisore. Le cose spiegate per la prima volta conservano il fascino dell'adolescenza, quando tutto è scoperta, debutto, iniziazione.

Il *Maurizio Costanzo Show* ha un posto speciale nella mia memoria e mi sento di dire anche in quella collettiva italiana. Noi lo si guardava, non da piccolissimi, e per molti anni non fino alla fine, perché terminava a notte inoltrata. «Ai prossimi consigli per gli acquisti andate a nanna, che è già tardissimo.» Era l'attualizzazione del precedente: «A letto dopo il *Carosello*». Una sorta di ammissione ai temi dei grandi, però ci si divertiva anche, mi piaceva parecchio, m'incuriosiva tutto. Ricordo bene come costituisse insieme scoperta e apice di svariate carriere, televisive ma non solo: scrittori, giornaliste, intellettuali, comici, freak intelligenti, attrici, medici, opinioniste, imprenditrici.

«È stato anche al *Costanzo*» era la spilletta finale, la consacrazione che attestava sia l'esser stato in televisione, sia l'esserci stato nel posto giusto dove far vedere quello che sai fare e dove dire ciò che vuoi dire. Quando ero piccolo, ora lo posso confessare, il mio sogno era un giorno di sedermi su una di quelle poltroncine; la domanda che mi assillava era: "Per cosa? Come cosa?".

Durante la lavorazione di *SanPa* c'è stato un momento in cui ci siamo detti: «Dài, se prima mostriamo che al tg storpiano il nome Muccioli e poco dopo è al *Costanzo Show*, è fatta. È chiaro a chiunque fin dove sia arrivato dalle roulotte dell'inizio».

L'illusione è durata fino all'apparizione immaginaria dei soliti spettatori di Netflix della Polonia, della Norvegia e del Sudafrica, e pure di molti giovani connazionali, che giustamente non capirebbero nulla non essendo tenuti a conoscere la storia della televisione italiana. Per raccontare, per fare sintesi, spesso anche solo per comprendersi, serve un terreno condiviso, serve sapere quali segni sono intelligibili e da chi. Trovare minimi denominatori comuni, fra generazioni, fra nazioni, fra comunità distinte diviene fondamentale. A tal proposito, adoro farmi elenchi mentali. Cose che risuonano in tutti gli italiani: la vittoria della Nazionale all'Europeo; la bomba di Bologna, spero che pochi la dimentichino; Mussolini; la *Divina Commedia*. Risuonano in tutti: l'allunaggio del 1969, l'11 settembre, Hiroshima, la crisi economica del 2008, l'attentato a *Charlie Hebdo*, il Covid-19.

Nel vedere minime queste che possono sembrare differenze, in realtà si comprende quanto sia utile che una storia comune profondamente italiana diventi comune, chiara e comprensibile al mondo intero.

Vedo la pubblicità della lana. La pura lana vergine.

«La lana, allegra, disinvolta, magica, la lana. Magica, allegra, disinvolta, la lana» dice più volte cordiale, ossessivo ed entusiasta la voce maschile fuori campo mentre giovani ragazze e ragazzi saltellano felici indossando colorati maglioni di lana; al termine dello spot compare la scritta PURA LANA VERGINE e il simbolino della lana: tre gomitoli che si intrecciano a formare un grosso triangolo morbido, tondo e smussato.

Ecco, ora so perché io quel simbolo lo riconoscerei fra mille e invece quello del cadmio o del nylon non so come siano fatti. Son stato bombardato da giovane, come tutti noi, nonostante il vigile controllo da parte dei miei genitori che non ci lasciavano accendere il televisore senza il loro permesso, sia riguardo all'orario, sia riguardo al tipo di programma. Vengo da una famiglia in cui papà e mamma ogni domenica ci vietavano di vedere *Drive In* perché troppo volgare e con quei seni abnormi non facili da spiegare a cinque figli curiosi e propensi all'ultima parola.

In ogni famiglia con divieti e concessioni diverse, a quei tempi la televisione era davvero presente nella nostra vita. Ma soprattutto era terreno di scontro, fra genitori e figli, fra gruppi di amici, fra fidanzati, fra tutti; era un argomento comune. La televisione era una e con pochi canali, ogni scelta andava ponderata, in un modo o nell'altro il giorno dopo si parlava di ognuna delle poche opzioni che lo schermo aveva concesso la sera precedente.

È parecchio diverso da oggi, dove l'orizzonte delle scelte e degli schermi è talmente ampio che in realtà non è affatto aggregante, è parcellizzante perché egoriferito. Questo contenuto è per te, personalizzato, è il tuo, fatto apposta, quindi ti deve piacere per forza.

Ai nostri tempi, giovani e vecchi lottavano affinché venisse proiettata la "verità", cioè la televisione, sull'unico o il più centrale degli schermi famigliari. Trasportato a oggi significherebbe che non puoi passare la sera a vedere due ore di video di dodici secondi per i fatti tuoi, no, devi convincere mamma e nonno che quattro ore di TikTok di filata sul televisore in salotto sono meglio di *Piedone d'Egitto* o *La donna che visse due volte* o il *Festival di Sanremo* e, soprattutto, si riveleranno piacevoli anche per loro: «Proviamo, mamma. Solo per un po', nonno; se davvero non preferite TikTok si torna sul *Maurizio Costanzo Show*». Così avremmo fatto noi. Perché se riuscivi a difenderla, la tua scelta, seppur ardita, poi potevi vedere TikTok – nel mio caso, chessò, *Drive In* o *Arancia meccanica* o *Indietro tutta* – assieme a loro, ai loro sguardi, ai loro giudizi. Sapevi che se non proponevi un contenuto almeno sufficiente, i parenti sarebbero stati pronti ad azzannarti la domenica successiva o il lunedì con i Filmissimi. Una proposta negativa poteva toglierti il diritto di scelta per più di un mese.

Non eravamo semplicemente obbligati a guardare sempre e solo Rai 1, potevamo farle, le nostre scelte, anche le nostre proposte collettive, ma dovevamo ben motivarle e saperle difendere. Dovevamo condividerle e passare da un voto di famiglia. Non era possibile staccare un pezzettino di schermo dal televisore comune e portarselo altrove per vedere in solitudine quel che interessava solo a noi.

Va detto che già ai miei tempi alcuni fortunati avevano il televisore in camera o un altro apparecchio in cucina. Li invidiavo molto. A noi mio padre lo negò con decisione. Quando nel 1999 morì, nessuno di noi fratelli o sorelle che viveva ancora in casa aveva mai posseduto una propria televisione. Io avevo venticinque anni.

Ma se da giovane spesso ho vissuto tutto ciò come un'ingiustizia e una limitazione, col tempo ho capito che quello di mio padre più che un puntiglio autoritario da capofamiglia era forse una sorta di progetto di condivisione, una scuola di socializzazione, addirittura quasi un corso intensivo sul compromesso e il funzionamento della democrazia. Ho un appunto con queste parole rubate a un genitore che non so più di chi siano, ma che sintetizzano con una rassegnazione affettuosa: «Alla fine abbiamo ceduto, ogni sera si litigava per il telecomando, adesso ognuno ha il suo televisore. Una pace in casa. Mi mancano un po' i miei figli, a volte faccio un giro per vedere cosa guardano loro. Spesso almeno in due guardiamo la stessa cosa».

C'è una riunione che si apre con Gianluca che mi dice: «Ma lo sai che ho fatto una ricerca e non esistono più le copie di *Cuore*? Da nessuna parte».

«Ma com'è possibile? Mi stai dicendo che non c'è più una sola copia di *Cuore*? Io di sicuro ne ho a casa.»

«Certo che sì, Carlo, ci sono le altre, mancano solo quelle su Muccioli. Sto parlando di tutte le copie di *Cuore* su Muccioli, scomparse anche dalle emeroteche.»

La pressione di stare raccontando una storia che molti vorrebbero si tacesse c'è. Sarebbe stupido negarlo. Se la lavagnona con lo schema degli avvenimenti agli avventori occasionali della writingroom ricorda qualche recente serie crime con le foto dei serial killer sul muro, i nostri punti di riferimento sono molto più Dustin Hoffman e Robert Redford in *Tutti gli uomini del presidente*. O forse è solo un modo presuntuoso, e dunque subdolo, per giustificare a noi stessi le notti a mangiare pizza fredda riguardando vecchie puntate di *Linea diretta* o di *Milano, Italia* urlando: «No, ti prego, questa è incredibile, non possiamo non metterla! Segna il minutaggio».

«Ma cosa c'entra con San Patrignano, scusa?»

«Racconta l'epoca, contestualizza, fa capire chi eravamo.»

«E fa perdere minuti, Carlo! Sarà già impossibile mettere in cinque episodi tutto ciò che è importante, figurati se abbiamo il tempo per le stupidate laterali che ti fan ridere, su.»

«Mi sa che ho bisogno di altra pizza fredda sullo stomaco. Voi ne volete?» chiedo, e vado in cucina a celebrare il funerale di quello spezzone.

Una cosa è certa, questo esperimento sulla memoria, questa overdose di informazioni e immagini, che durerà per tutta la lavorazione, riempirà i miei taccuini e la mia testa di grappoli di domande. Quello che serve, se devi fare delle interviste.

12
Domande

Fare le domande. Ho sempre amato fare domande. Chiedo tutto, di continuo, quasi sempre almeno una volta di troppo.

È successo che per un nuovo format televisivo mi chiesero delle domande, ero felice. Ho sempre pensato che il più comodo posto fisso per un autore televisivo fosse scrivere le domande per un quiz, una specie di Eden fatto di libri di risposte e internet, diritti d'autore e pochissime telefonate fastidiose. Questo format non era un vero quiz, era una sorta di intervista multipla, la cui forza risiedeva proprio nel tipo di domande. Dissi che ci avrei provato, andai a casa, ne scrissi duecento e gliele mandai. Mi risposero che se il format vendeva nel mondo, era fatta. Mi sembrò un'ottima notizia e volevo mettere nero su bianco che, nel caso, era fatta anche per me. Ma quando parlavo di percentuali la chiacchiera si innervosiva, interrompeva, rimandava. Percepivo imbarazzo. Poi per mesi ha continuato a sembrare che "era quasi fatta", ormai interessava alla Danimarca, forse alla Turchia, l'Egitto aspettava alla finestra ma con curiosità crescente. Le domande sono parte del format, questi ci chiedono le domande – dicono – ne vogliono ventimila e gli abbiamo risposto che intanto ne mandiamo duemila, però ora tocca scriverle – dicono – ti va di scrivere domande? Certo, io adoro le domande. Guarda, facciamo così: io mi metto a scriverle ora e appena firmiamo un pezzo di carta con una percentuale ve le mando via mail.

D'accordo.

D'accordo.

Ne ho scritte duecento, poi altre cinquecento, poi altre mille, poi visto che nessuno si faceva sentire ne ho spedite trecento a loro come un pusher che fa vedere di avere roba buona, la stendo sul tavolo prima che mostriate i soldi, offro io, in calce alla mail i miei contatti, mica come i tossici che non danno il biglietto da visita insieme alla prima caramella drogata. Anche in produzione la regola non è scritta ma si sa: si assaggia, se è buona si paga, è finito lo spazio del traccheggio. E quando si paga, si ha l'eleganza di pagare anche l'assaggio.

«Le domande sono ottime. Grazie. Ne abbiamo mandate centinaia in Israele, non si sa mai. Ma basta che parta in un Paese e poi è fatta, vedrai.»

«E io sono felice che da due anni sia sempre quasi fatta, ma lo vorrei vedere sul serio.»

Insisto. «Firmiamo il contratto prima che le traduciate e le mandiate nel mondo?»

Silenzio.

Non l'ho più sentito, questo produttore. Da dieci anni ho qui quasi tremila domande inevase, ogni tanto apro il file e mi interrogo da solo:

Qual è stata la tua telefonata più importante?

Se chiami il tuo amore e risponde il tuo amore precedente, che fai?

Quand'è che abbondi col profumo?

Qual è la cosa più lunga che hai letto e quale la cosa più lunga che hai visto?

Quando estrai una chiavetta, lo fai sempre in modo sicuro?

Hai mai buttato via un libro?

Hai mai rovesciato un bicchiere o altro addosso a qualcuno?

Ti telefona Bin Laden, quali sono le prime tre cose che gli dici?

Cosa ti hanno vietato?

Per chi suona la campana?

Chi è giusto che soffra?

Scrivere domande è più difficile di quello che sembri. Le prime dieci, venti, anche cento, vengono di getto. Ma abbastanza presto ci si blocca, per un motivo molto semplice: ci mancano le risposte. Le domande senza risposta si alleano sul foglio e insieme ti chiedono certezze, qualche punto fermo, qualcosa che indichi un limite, una direzione, un campo d'indagine. Altrimenti si ribellano. Smettono di palesarsi, di essere spontanee, si trasformano in una poltiglia appiccicosa e indistinguibile composta di banalità. Non avere limiti aiuta solo a perdersi.

Mentre scrivi domande è impossibile non pensare alle risposte, e queste sì che indicano un percorso, disegnano alberi che si ramificano a volte per rincontrarsi altrove, a volte mai più, sono una mappa per successive domande. Parlo di quando stai preparando un'intervista, ora.

Ho un rapporto solidificato con le domande, mi piace porle, possono essere chiave, grimaldello, interlocutorie, apparecchiamento, sprone, aiuto, pugni, accoglienza, comprensione, schiaffetto. L'importante è che siano domande di cui ti interessa molto la risposta. Le interviste si fanno in due, è il numero minimo.

Dopo il ciak, dopo «Azione!», al limite della stanchezza dopo il provvidenziale: «Dài Carlo, tocca a te», sei sempre lì a chiederti: «Che domanda ti faccio?».

La prima che mi sono scritto? O quella che mi chiede la tua faccia a pochi metri dalla mia? Cosa ti chiederei se non conoscessi nulla di te? Se non ti avessi studiato?

Intanto ti guardo, mio testimone. Tu sarai quello che parlerà di più, il protagonista, ma io quello che parla per primo. Fa parte del patto. Fa parte del gioco.

Ci si può essere incontrati giorni prima, si può aver appena bevuto il caffè assieme, ma poi a un certo punto ci ritroviamo qua, catapultati, e ogni volta è una sorpresa. Uno di fronte all'altra, all'altro. Gli sguardi si incrociano. Interroganti. L'interrogativo è sulla fiducia. La risposta dev'essere reciproca. Testimone e curioso; intervistato e intervistatore. Posso io capire senza essere stato lì? Mi puoi portare lì? Mi *vuoi* portare lì?

Possiamo anche dirci che no, non ci fidiamo troppo. Si troveranno altre strade. Mentire è un diritto, nessuno ha giurato. Però un qualche patto dobbiamo farlo affinché si possa parlare. Altrimenti sono chiacchiere. Che possono essere bellissime, le chiacchiere. Ma parlare è un'altra cosa.

Tu sai che stiamo registrando, io sono qui per fartelo dimenticare il prima possibile nonostante la mia stessa presenza indichi che certamente stiamo registrando. Devo scomparire senza abbandonarti, devo esser voce che si insinua senza disturbare il tuo parlare. Avrai sempre la precedenza, al tuo minimo accenno di risposta mi zittirò ovunque sarò arrivato, anche a metà parola. Stiamo registrando audio e video. Magari tu non ci penserai, ma io sì: il corpo può dire delle cose che la voce non s'arrischia, la voce e le parole possono negare movimenti marchiandoli per artefatti. Noi poi useremo sia la voce da sola, sia le sole immagini, sia la sincronia delle due cose, che è ciò che sta accadendo ora.

Ma non tradirò quello che dici e non ti farò mai dire ciò che non decidi tu.

Ora devo scomparire ma iniziando a parlare.

Come si racconta la vita di un altro? Da cosa si inizia? Come stai?

Quasi sempre, alla fine, la prima domanda che mi pongo è: come stai?

«Vai, Carlo.» Sento tre dita che mi sfiorano il gomito mentre mi invitano gentili a iniziare: «Vai, Carlo, tocca a te». È il direttore della fotografia, Diego, apprezzo il suo tono che non intende disturbare il mio flusso di pensieri.

Ma che pausa lunga avrò fatto? Da quanto si aspetta la mia prima domanda?

13

La scelta

Anche se questa l'ho posta a quasi tutti i testimoni, la mia voce mi pare sempre incerta mentre cerco di chiedere il più dolce e innocente possibile: «Ci racconti, se ti va, il tuo primo buco?».

A volte mi pare di formularla per verificare il grado di sintonia, come termometro dell'intervista, per capire se siamo sulla stessa lunghezza d'onda e quale sia la temperatura. Altre è più dolorosa nella sua vergogna smaccata.

«Ci racconti, se
ti va, il tuo
primo buco?»

È la parola "primo" che qui fa tutto, è come un colpo in pieno petto che ti fa andare indietro nel tempo. Per un istante – a volte lungo – li vedo, gli intervistati, che non sono più seduti qui con noi, ma sbalzati in un frammento fotogramma pre-eroina, prima che si facessero, prima di conoscere la sostanza per la prima volta; prima di tutto, temo che molti di loro si dicano. Quasi sempre, nell'atto di rispondere a questa domanda che illumina la soglia

– quel passaggio – gli scappa un sorriso imbarazzato, indecifrabile, che interpreto come il loro modo personale di salutare il sé stesso che ancora non si drogava, come a scagionarlo dalla colpa volendolo tranquillizzare, come a sincerarlo, a sincerarsi. «Non ce l'ho con te, va tutto bene. Lo so che eri giovane, lo so che sembrava davvero l'unica soluzione, so anche che il piano era poi smettere.»

Il regista François Truffaut alla domanda: «Perché si occupa così spesso di adolescenza?», rispose: «Perché mi interessa quando qualcosa accade per la prima volta». Diamine, anche a me interessa. Se poi quella prima volta ti segna così in profondità l'intera esistenza fino ad arrivare ora a giustificare anche la tua stessa presenza davanti a questa telecamera, il cortocircuito che si crea mi interessa ancora di più.

Amando le domande, voglio molto bene anche alle interviste, autobiografie orali. Puoi prepararti quanto vuoi, ma è come leggere una cassa di libri sull'amore prima del primo appuntamento o 4LGr, mi direbbe Moreno: li hai in testa in caso di emergenza, ma non ti dicono nulla su come iniziare, comportarti, fare uscire la voce. Possono favorire l'analisi a posteriori di ciò che è accaduto, ma non aiutano affatto l'azione o a cavarsela nel presente.

L'intervista è relazione, accadrà in diretta, il prima è indispensabile allenamento, ma per giocare sul serio tocca dimenticarsi tutto. È come svuotare grandi sacchi di curiosità e domande per fare spazio e poterli così riempire nuovamente di storie, fatti, risposte, parole, il narrabile ripetibile.

Ho voluto bene a Walter Delogu, anche nella sua reticenza, nel suo non dire fino in fondo, ma soprattutto in questo suo incarnare l'uomo che se la cava da solo, che in un modo o nell'altro salva sempre sé stesso e la sua famiglia, il cui spirito di sopravvivenza è così fulgido da essere evidente anche in foto, in video, mentre solleva pesi in camera da letto. A volte può fare paura. A volte ho invidiato questo suo tratto salvifico-conservativo così selvaggio.

Come i personaggi più emblematici, anche Walter ha parecchi nomignoli che lo definiscono nel susseguirsi della storia, quasi una punteggiatura nella nostra docuserie: il tossico sanbabilino, l'autista di Muccioli, lo sceriffo di Sanpa, il padre di famiglia, quello della cassetta da centocinquanta milioni, il traditore, quello del 118.

«Voi mi state salvando, sono trent'anni che voglio raccontare la mia versione. Non è una storia semplice. Bisogna avere tempo e pazienza. Io non sono un traditore. Sapete che dopo quello che hanno chiamato "terribile ricatto con minaccia", noi abbiamo continuato a vivere a Sanpa per settimane?»

Confesso di avere un debole per Tiziana Peverelli, l'ex moglie di Walter e madre di Andrea, che ho corteggiato fino all'inginocchiamento, ma che forse stimo ancora di più perché ha scelto di non rilasciare interviste. In qualsiasi dibattito o discussione su Muccioli e San Patrignano, le sue parole mi mancano sempre.

Tiziana la conobbi diversi anni fa a Rimini, a una Festa della Rete appena terminata, sulla terrazza ventosa di un locale a fine stagione, fumando troppe sigarette. Ha occhi morbidi che ti leggono dentro, senza dar fastidio, senza giudicare, senza vantarsi del loro potere, si appoggiano un istante alla tua anima e stanno lì con te, con lei, assieme. Non so raccontarla, so pochissimo di lei, so che ti trapassa come una tac benevola e infine ti dice quelle quattro frasi che poi ti risuoneranno sempre, anche se non le ricordi con precisione. È la prova vivente e funzionante di ciò che molti anni dopo troverò spiegato da Virzì: «Essere stato tossico significa che per tutta la vita hai incorporato uno strumento tarato con precisione che riesce a darti per ogni attimo l'entità della disperazione degli altri».

Sono grato ad Andrea Muccioli, di cui Vincenzo è padre, per aver deciso di parlare con noi; sono stati giorni importanti, ho capito molte cose. Il suo punto di vista è fondamentale, anche come archetipo, anche come figura tragica: la difficoltà di essere il vero figlio di un Dio in Terra che dichiara di avere migliaia di altri figli. Avere mille fratelli tutti più bisognosi di te, tutti prioritari per tuo padre, tutti fuggiaschi, tutti figliol prodighi – mannaggia a loro! –, tutti problematici speciali, poverino poverina, ma vattene anche un po' a cacare, va'! "E il mio turno quando arriva?" avrei sbottato io di certo esasperato. Ho due sorelle e due fratelli, so bene cosa significhi cercare di farsi notare senza farsi notare. È un inferno. Condividere il proprio padre con la famiglia elettiva di migliaia di tossici e tossiche che papà si è scelto per vocazione. E poi raccoglierne l'eredità, il ruolo, il popolo, ma anche i nemici. Nemici che di solito, nel frattempo, si sono rafforzati e incattiviti. Andrea è il successore, sancendo così che quella di Muccioli non fu dittatura, ma monarchia – direbbe qualcuno – e dunque non può che proseguire per via sanguigna. Ma Sanpa dal 1995 a oggi è un'altra storia, che magari un giorno si racconterà.

Ho esperienza di padri ingombranti, siano essi esempi ottimi, pessimi o normali, è la loro ingombranza a essere sempre complessa da elaborare, se ne sei figlio.

Andrea Delogu è un'amica da prima e a prescindere da San Patrignano, ma sono felice della sua adesione al progetto, perché a un certo punto ci è apparso lampante che in ciò che stava diventando – a detta di tanti testimoni – una sorta di distopia, noi avevamo la possibilità di intervistare chi in quella distopia era nata, dunque la cosiddetta seconda generazione, quella che non ha ancora conosciuto altro mondo al di fuori di Sanpa. Quale miglior modo per raccontare con sguardo vergine e neutro un mondo sconosciuto?

In una fiction l'avrebbero chiamata "la bambina zero", e forse le avrebbero pure dato il ruolo di voce narrante fuori campo. Ipotizzo una traccia audio piluccando brandelli dalla mia memoria: "Sono nata nel 1982 nella Città dei Ragazzi. Qui non esistono i soldi, conta la reputazione, tutti lavorano e mangiano assieme i prodotti della terra e del nostro allevamento. Alla mattina a ogni ospite vengono consegnate gratis dieci sigarette. Ma nessuno è obbligato a fumarle. Il punto d'arrivo è avere la casetta singola, il punto di partenza le camerate con i tripli letti a castello. Se fai il bravo, tutti te lo riconoscono. Noi la televisione la guardiamo solo in teatro, assieme, un unico stesso programma che decidiamo noi o Vincenzo, e dopo se ne parla. Mi diverto un mondo, anche al dibattito. La sera posso stare fuori fino a tardi e tornare a casa da sola. Anche quando ero piccolina lo facevo, perché a Sanpa non c'è nessun pericolo, tutti conoscono tutti, e lui conosce tutto. Sono molto felice".

Chi mi spiace davvero di aver conosciuto pochissimo è il giornalista Luciano Nigro, intervista della quale non mi sono occupato. Poi l'ho vista e rivista e la sua lucidità analitica e la capacità di mantenere un distacco nonostante con Vincenzo avesse battagliato muso a muso per anni, mi ha fatto riconoscere in Luciano un incredibile testimone: il giovane assetato di verità che non teme la complessità nonostante tutti cerchino di sedarlo, un uomo che combatte con le parole non accontentandosi del generico e per nulla spaventato dalla fatica. Ho sempre voluto chiamarlo per ringraziarlo, lo faccio qui, ché certi personaggi è bello concedersi il lusso di idealizzarli un poco senza aggiungere quotidianità.

La scelta degli intervistati è vitale in un racconto documentaristico. È il corrispettivo di ciò che nel mondo del cinema si definisce casting, ma qui la questione è più spinosa ed emotivamente complicata. Non si tratta di fare provini sulla recitazione o sul talento, ma serve valutare delle esistenze, dei percorsi di vita, con gli occhi del narratore e con uno sguardo al racconto generale dei cinque episodi.

Alcuni di loro incarnano un ruolo preciso e unico nella storia, possiamo dire che sono essenziali in quanto insostituibili. Sono i primi che ti vengono in mente, quelli che chiunque avrebbe cercato di convincere, quelli che alcuni chiamerebbero "protagonisti".

Ma non sono sufficienti, ed è sugli altri che si può e si deve lavorare. È per scegliere questi che servono gli autori. Perché nel parterre in cui selezionare gli altri si celano le storie che faranno da lievito e collante alla vicenda centrale, a volte da coro, a volte da coprotagonisti, a volte diventeranno lo sguardo dello spettatore, a volte ruberanno la scena perché il caso particolare illumini la narrazione generale. Sono indispensabili. Servono quelli giusti.

Parlo in generale di autori, perché questi nomi si scovano nella lunga fase preparatoria: leggendo tutto, vedendo ogni cosa, studiando in profondità, carpendo le loro motivazioni e incrociandole con narrazioni altrui, collegando i fili, assecondando i propri presentimenti, sentendo la loro presenza, e i nomi affiorano. Si rendono noti lentamente, poi ingigantiscono elenchi diventando molti fino ad apparire francamente troppi. A questo punto cominciano a squalificarsi da soli: fra morti e superflui e irrintracciabili e troppo marginali resta una rosa. Noi si lavora su questa rosa.

Certo che ne abbiamo intervistati di più di quelli che alla fine hanno trovato il loro spazio nella docuserie. Mi avrebbe fatto paura il contrario.

Abbiamo discusso tanto su questi nomi, quindi nel tempo ognuno di loro ha assunto un ingombro rilevante nei nostri pensieri. Precisando e sfrondando e poi riapprofondendo, la narrazione delle loro storie risulta più emblematica, certi personaggi svelano il loro carattere di archetipi.

Fabio Mini per me assume un nuovo significato che va oltre la sua stretta biografia e contempla anche il suo modo di raccontarla. Lui che entra e scappa da Sanpa almeno cento volte e alla fine, quando Muccioli ormai è morto, ha un'illuminazione, una "chiamata". Si redime. È come se lo spirito di Muccioli si fosse reincarnato in lui, o forse addirittura che entrambi abbiano avuto un segno simile da un'entità superiore. Anche se Fabio non dimentica mai di aggiungere che si sente troppo peccatore per pensare anche solo di avvicinarsi alla grandezza dell'unico maestro Vincenzo.

Ma la sua è una storia che parte da lontano, piena di inciampi, di arresti, di mattoni, di luce, di folgorazioni, a tratti sembra davvero evangelica e simbolica. Fabio Mini col suo sguardo mi ha fatto capire delle cose che nessun altro e in nessun altro modo sarebbe stato in grado di fare. I suoi occhi indagatori e il suo abbraccio stretto a fine intervista in cui mi dice: «Devi venire lassù», la sua fede granitica forse anche per timore che al primo scricchiolio potrebbe venire giù tutto, quel suo dolce, folle sorriso.

Gli sono grato per la sua onestà e spero che abbia apprezzato il tentativo di preservarlo dalla facile ironia.

La prima volta che incontrammo il giudice Andreucci fui davvero felice di aver accettato di imbarcarmi in questa avventura. Mentre mi sedevo di fronte a lui era come se sottovoce mi vantassi con mio padre. "E poi siamo andati a casa del giudice per capire le sentenze" gli dicevo spacciandola per una banale chiacchiera fra colleghi, anche solo per immaginarmi di nuovo il suo volto che nella mia memoria non invecchia più dal 1999, rendendoci ogni giorno più coetanei. E così in realtà ringraziandolo in ritardo per avermi permesso di fare ciò che volevo e non l'avvocato, eppure poi ritrovandomi a imbastire una difesa dei tossicodipendenti italiani degli anni Ottanta via docuserie.

Anziano, canuto, anche con la barba bianca, pacato, preciso: il giudice di una fiction di Rai 1, mi verrebbe da dire, come complimento. Poi, però, Vincenzo Andreucci è reale e umano come noi. Si vede che è dalla fine dei processi che ancora ci pensa, che si interroga da quasi quarant'anni se allora ha fatto bene, se si poteva o doveva fare meglio. Per me è quasi commovente come tira fuori la sentenza dalla sua cartella in pelle e ce ne legge interi brani, bellissimi. Glielo abbiamo chiesto noi, ma è solo lì che capisco che un giudice è sempre anche uno scrittore. Scrive per i posteri, per essere letto, per ricordare il suo pensiero ma anche la sua lingua, la sua prosa. Ha scelto quelle parole. E le ha scelte non con la libertà e la spensieratezza del romanziere o dello sceneggiatore; no, lui ha dovuto coniugare la lingua spesso arida della legge con i vocaboli più appropriati, con la decisione, con la spiegazione, con la sentenza, con le motivazioni e solo infine occuparsi dell'immortalità della giurisprudenza. Il modo in cui ci ricorda, sottolineandola, che lui usò chiaramente l'espressione "evolvere", chiarisce in un solo tono la fatica che deve essere costata scovare quella parola, sceglierla come appropriata, precisa, ma soprattutto giusta.

Avrebbe forse dovuto chiudere la comunità?

Avrebbe avuto il potere di farlo, ce lo ha detto più volte.

«Trassi l'impressione che dovesse essere non repressa, ma portata a evolvere. Perché vedevo come positiva l'intuizione di fondo della comunità. È per questo che ho impostato la mia condotta di giudice istruttore nella fase istruttoria, anche con i provvedimenti che ho indicato, come una condotta non di soppressione, non finalizzata alla soppressione della comunità, ma alla promozione attraverso la correzione»: queste le sue parole nell'intervista.

Coi suoi modi gentili, anche da giudice in pensione e nonno, quello che potrebbe apparire come un antipatico "io l'avevo detto", si trasforma in un adorabile "io l'avevo scritto", che anche solo per deformazione professionale mi è facile riconoscere per bonario.

Lo psichiatra Montecchi, a un certo punto della sua intervista integrale, dice: «Ero convinto che l'eroina fosse stata diffusa in Italia un po' anche per distruggere il movimento studentesco e i movimenti popolari, quindi la mia posizione non era solo quella di medico, davo una competenza di tipo tecnico a un'idea che era più militante. La comunità mi interessava perché c'erano tante persone che erano uscite dalla tossicodipendenza con un sistema che io non consideravo il migliore. Però intanto il risultato c'era! Quindi ero curioso di andare a vedere, di parlare con loro, ché allora mi sembravano anche dei miracolati. Ai tempi l'idea era che non si riuscisse a uscire per niente dalla tossicodipendenza. Magari se ne incontrava uno o due, ma erano per lo più testimonianze leggendarie. Trovarne sessanta assieme mi colpì molto».

In quel momento, io e Gianluca ci guardiamo per un istante, per comunicarci con sguardo complice "missione compiuta".

Leonardo Montecchi lo abbiamo scelto perché volevamo uno psichiatra ma ci eravamo dati come regola «no a esperti avulsi dalla questione; solo persone entrate in contatto con Muccioli e che conoscono questa vicenda nel profondo». Ma il vero motivo per cui scegliemmo proprio lui fu che la prima volta che lo incontrammo – psichiatra militante, piacevole da ascoltare, curioso e affabile ma anche con una utile pedanteria didattica – ci spalancò un mondo con questa affermazione che riporto a memoria: «Io lavoravo per lo Stato, davo metadone a questi tossici e i risultati erano quello che erano. Sapevamo che uscire dalla dipendenza era quasi impossibile. C'era chi diceva di averne visto uno, di guarito, una volta, ma nessuno ci credeva. Quando andai la prima volta a San Patrignano, Muccioli in persona mi presentò trenta, quaranta persone. Erano lì davanti a me, in cerchio. Mi disse: "Vedi, Leonardo, loro sono tutti ex tossici guariti. Completamente usciti dall'eroina". Quaranta persone assieme. Per me fu uno shock».

Questo conflitto ci interessava, ci pareva utile far emergere questo dilemma etico: tu sai che i tuoi metodi sono poco efficaci ma sei lo Stato e non puoi fare altro; il "privato" invece se ne frega, fa quello che vuole e senza aver studiato nemmeno un giorno salva tossicodipendenti a botte di quaranta?

Per fare sintesi e per sottolineare la posta in gioco, il meglio ci è sembrato avere un personaggio che impersonasse sia il punto di vista della psichiatria sulla questione della dipendenza da eroina e sui metodi di Sanpa, sia il dilemma di chi lavora per lo Stato e si chiede se stia facendo le scelte giuste; il tutto riunito in un essere umano pensante che ha incontrato Muccioli più volte, tentando nei fatti di far collaborare il "suo" SERT o CMAS pubblico con la comunità "privata" di San Patrignano.

«Ma Vincenzo ci ha fatto capire subito che non ne voleva sapere. Il primo giorno. Il giudice Andreucci ci aveva provato, ma le due visioni erano proprio inconciliabili» ci dirà Montecchi nell'intervista. È evidente che non è la prima volta che le dice, che le pensa, che le formula proprio così; è evidente la sua delusione, il rimpianto, il dubbio che magari c'era una strada che non è stata battuta abbastanza.

Ecco, quando ci chiederanno: "Cosa significa *scrivere* un doc?" – perché ce lo domanderanno e io stesso me ne interrogo continuamente – bisognerà trovare il modo per raccontargli anche questo. Scrivere significa in questo caso anche decidere se intervistare Montecchi o un altro psichiatra, oppure uno psicanalista, oppure far svolgere la parte medica sull'astinenza e il punto della ricerca scientifica da, faccio un esempio, un'animazione, e poi intervistare diverse squadre di quelli che andavano col camper a portare il metadone ai tossici nei parchetti per convincerli a smettere; oppure intervistare gli avvocati e non il giudice e lui farlo parlare solo attraverso la sentenza; oppure, oppure, oppure...

Scegliere affinché i personaggi raccontino più delle loro stesse parole e poi con queste si possa ricominciare a scrivere la docuserie.

14

Vaffanculo

Dopo quella prima notte con Marco, quando non lo sentii andar via al buio, o forse lo sentii eccome ma non volevo rovinare tutto con parole che non riuscivo a trovare, ci vedemmo tre volte nella settimana successiva. Io anche sobrio, lui sempre drogatissimo. Portava con sé parecchia roba, usava un mio piatto nero quadrato che ho ancora, lo scaldava sui fornelli e infatti sul fondo si vede un segno di bruciato.

Succedeva sempre a fine giornata, non solo per una questione di orario, più per il fatto che la sua vita ufficiale la lasciava fuori, la terminava prima, con me iniziava un altro gioco. Il rito di passaggio tra una dimensione e l'altra si consumava attraverso il suo naso. Si trasformava in un giovanotto curioso e famelico, sempre sorridente e in quello stato da "i miei genitori sono appena partiti e tornano fra tre giorni, che si fa che non abbiamo mai fatto?". Sesso, pochissimo altro. All'inizio al buio del salotto o della camera da letto, e fin lì ricordo che non ansimò mai il mio nome, poi lo facemmo ovunque; son riuscito solo a stralciare dall'elenco la lavatrice, che trovo un cliché più scomodo che abusato, forse perché io ho un vecchio modello, abitando in affitto in un semiarredato. Una volta insistette molto nell'andare al ristorante entrambi senza mutande. Mi divertì la gioia da scherzo agli adulti che gli si stampò in faccia per tutta la cena; a un certo punto il giovane cameriere arrossì comprendendo che stava interrompendo qualcosa fra noi. Ma ci frequentavamo quasi solo dentro casa mia, con poco preavviso. O la notte, dopo che era uscito con altre. "Già che sono fuori, in tutti i sensi" ridacchiava banale via sms, quasi ogni volta identico; oppure anche nel tardo pomeriggio, credo al posto di un impegno saltato o fittizio, una palestra, una riunione. Si fermava per parecchie ore, nessun appuntamento l'ho vissuto come una sveltina. L'ho sempre visto tranquillo, mai di corsa, mai col fiato sul collo. Camminava per casa a torso nudo, lo trovavo divertente in questa sfacciataggine dimostrativa, come a dichiarare a petto in fuori e muscoli all'aria che sì, era gay, ma solo in quell'appartamento e solo se un mio dirimpettaio avesse lanciato uno sguardo dalla finestra mentre Marco andava scalzo a prendersi uno yogurt o il necessario per un tiro.

«Devo sentirmi una merda per tua moglie? Non riesco a capire, Marco.»

«Ma no. Certo che no. Sono io che la sto prendendo per il culo. Tu che c'entri?»

«Be', c'entro eccome.»

«No, tu non c'entri mai, al massimo c'entro io», e ride.

«Hai vinto il premio "gioco di parole".»

«Perché non sono gay.»

«Per me è uguale, mica devo controllare i documenti.»

«Ci tengo a dire che non sono un omosessuale.»

«Okay. Però il birillo ti piace?»

«Forse sono gay ma non voglio esserlo, non posso esserlo, non mi interessa esserlo. I miei mi ammazzano.»

«A trent'anni?! Non credo che ti faranno del male, comunque non è questo il punto.»

«Esatto. Non posso. Ma scusa, a me va bene così, e noi scopiamo quando ci va, no?»

«Mmm, non mi sembra un gran piano.»

«È l'unica possibilità!»

«Anche questa mi sembra una stronzata.»

«Carlo, io amo mia moglie, amo la mia vita, voglio quello, sono felice. Poi mi piace moltissimo scopare con te, ogni tanto, ma questa non è la mia vita.»

«E cos'è? La mia? Aspetto qua che tu abbia voglia di scoparmi? Scusa se mi fai dire delle battute da vecchia amante parcheggiata o da baldracca sottopagata.»

«Non posso fare altro, sono incastrato, forse un giorno.»

«Ti prego, Marco! Sembra il copione di una brutta commedia francese. Non credo che dobbiamo star qui tanto a discutere, sai? Io capisco bene le paure, i dubbi, le remore, tutto. Credimi. Devi deciderlo tu, nessuno ti può obbligare. Io posso solo dirti che si sta benissimo dopo aver fatto coming out. E ti parla uno che al momento l'ha detto solo alle persone vicine, non che lo scrive sui muri o pretende di tenersi per mano in chiesa o limonare al bar. È una liberazione, è un nuovo inizio comunque vada.»

«Lo so. Posso immaginarlo. Ma io non sono gay. Quando pippo mi piace trasgredire, fare cose che non farei da sano. Non sono io. Mi diverto e basta. È la droga.»

«Cos'è che dicevi l'altro giorno in pizzeria sulle droghe?» Non posso dimenticarlo, è stato uno di quei momenti di illuminazione ovvia che scacci subito dalla mente perché ti destabilizzerebbero.

«Che amplificano quello che sei.»

«Allora ricordavo bene. Quello che *già* sei. Le droghe non inventano niente; non ti buttano addosso roba estranea a te, anche perché è da lì che pescano, che altro possono tirar fuori?»

«Che palle, dài, mi drogo ogni tanto.»

«Questo non puoi dirlo. Forse una volta, ma adesso è la terza notte da giovedì scorso. Almeno con me. Poi non so cosa fai con altri.»

«Vabbè, perché mi piaci.»

«Sai che forse hai ragione? Dovrei prenderlo per un complimento. Quanto hai investito oggi per fare l'amore con me, Scarface?»

«Sei carissimo, Carlo, davvero carissimo.» Si pulisce rapido la narice col mignolo per infilarselo automatico in bocca a verificarne l'amaro contro le gengive. «'Sta roba costa.»

«Ma come? Io cerco di portarti sul grande cinema americano e tu mi ributti nel documentario BBC sul costo degli stupefacenti?»

«Mi piace un sacco stare qui.»

«Lo so. E a me piace quando sei qui, Marco, e mi piace scopare con te, tanto. Per me che ti droghi sono fatti tuoi, non sono certo io a poterti dire di smettere. Ci sono passato anch'io, mi sono drogato per tre anni di fila.»

«E poi?»

«E poi anni fa ho smesso, perché era una continua rincorsa, un fondere il motore, una cazzata gigantesca, come mangiare una mucca intera per poi non aver fame per tre settimane, un invecchiare al quadrato, un andare a schiantarsi contro un muro a trecento all'ora per poter urlare con la faccia sfasciata "primo!" e un istante dopo colare sulla strada spappolato.»

«È divertente!»

«Ci mancherebbe altro che facesse pure schifo! È divertentissimo. Si tratta solo di capire che c'è di meglio. E c'è. Scopare con chi ti piace è un primo passo.»

«Non sono gay.»

«Dirlo almeno a sé stessi sarebbe il secondo.»

«Mi piace stare qui con te. Basta.»

Lo so. Lo vedevo. Quando la mattina veniva in boxer con due tazzine da caffè e pretendeva di usare il vassoio per portare la colazione a letto, mi sembrava come volersi permettere un concentrato di "quotidianità gay", per dirla male. Di quotidianità possibile e affettuosa, duratura e accogliente con la persona che ami e con cui desideri fare l'amore di continuo, per dirla meglio. Poi non saprei dire se e in che forma Marco fosse innamorato di me, ma di certo amava visceralmente ciò che rappresentavamo per lui: la possibilità di fare l'amore senza fretta con una persona con la quale hai voglia di condividere altre cose; il non separare il sesso dalla complicità pubblica.

Poi va detto che non praticavamo molte altre attività; le altre cose facevano parte del pacchetto "colazione in mutande", durante il quale programmavamo i successivi incontri come una coppia fedifraga, per poi tornare a letto a giocare alla PlayStation con penitenze corporali.

Il sesso era vero, il resto un po' un trailer da commedia scritta bene, anche se scollacciata.

Io lo amavo e mi inteneriva il pensiero che ci fossimo un po' scelti da ragazzini come confidenti. Spesso mi era impossibile non pensare con rimpianto che non ce lo fossimo detti nei tempi giusti. Io, di me, lo sapevo già all'epoca, ma ero nella fase del terrore puro, del "sarò l'unico", del "speriamo di guarire", del "Gesù, ti prego, fai che fuori non si veda". Certo che ero innamorato di Marco, in qualche modo. O forse nell'unico modo possibile.

«Ma tu ci pensi mai se ce lo fossimo detti lì al parcheggio del supermercato? Che storia pazzesca avremmo potuto vivere?»

«Che cazzo dici? Io non ero certo gay. Manco ci pensavo.» S'arrabbia parecchio, sembra addirittura offeso.

«Io sì, eccome. Ma avevo paura. Non l'avrei detto neppure sotto tortura. Spesso non ne ero nemmeno così convinto, volevo convincermi che no. Poi con le donne stavo da dio; ma sapevo bene di fronte a chi mi eccitavo in mezzo secondo. Chi sognavo di spogliare. Sai che guardavo le pubblicità dei costumi da bagno, ma anche delle ciabatte e di tutto, e facevo passare ragazze e ragazzi, una per uno, per testare quando mi diventava duro, alla ricerca di conferme?»

«E come fai a non capire che io non lo voglia dire?»

«Lo capisco benissimo. Penso solo che ti fai del male. Ma credo di conoscere almeno l'ottanta per cento delle motivazioni che ti frenano nel dirlo, e di averle abitate a lungo, come ogni omosessuale.»

«È vero. È la coca. È grazie a lei che sto capendo 'sta

cosa e sono strafelice, perché fare l'amore con un ragazzo... A un certo punto pensavo che non l'avrei mai fatto. Mai. Solo immaginato nella mia testa chiuso in bagno col cazzo in mano.»

«Pensa che perdita. Pensa che schifo.»

«La prima volta che l'abbiamo fatto volevo piangere. Dirmi: "Bravo, finalmente. Hai visto che era possibile?". Spero un giorno di trovare il coraggio di dirlo, mi ci vuole ancora un po'. Vuoi una riga?»

«Ho smesso! Come te lo devo dire?» Alzo la voce perché è evidente che non l'abbia dimenticato, non è cortesia la sua insistenza, la so ancora riconoscere una richiesta di complicità tossica.

«Io non smetterò mai.»

«Non dire cazzate, dovresti smettere anche tu.»

«Non dovresti dirlo. Proprio tu. È grazie a lei se sono qua.»

«Ma questo non significa niente. Non è che se ci si conosce grazie a una guerra, poi si deve sperare che la guerra prosegua per sempre.»

«Che esempio del cazzo.»

«Be', ma le tue sono vaccate.»

«Certo. Io ti desidero anche durante il giorno, al lavoro, sempre. Ma non avrei mai il coraggio di chiamarti. Io devo essere fatto, altrimenti il mio corpo non è attratto.»

«Non è così. È che con la coca il desiderio di baciare chi sogni la notte diventa incontenibile e le astuzie per attuarlo continuano a moltiplicarsi rendendolo possibile. Ma tu sogni maschi da molto prima di aver iniziato a tirar su quella roba lì. Sai quanti devono alterarsi per ammettere di essere quello che sono e dire quello che sognano? Prendine il buono, diciamo pure che ti ha aiutato a scoprire che scopiamo e viviamo bene assieme. Ottimo. Ringraziala e inizia a vivere la tua storia d'amore, porco cazzo. Vuoi un altro esempio? Non è che se si capisce di amarsi durante una serata in discoteca, poi si deve abitare tutta la vita nel bordello di una pista da ballo, ubriachi e storti marci dalla mattina alla sera, no? Si esce e ci si va ad amare altrove.»

«È quello che dico io» fa Marco chinandosi sul piatto e fermandosi all'altezza di una banconota. «Ma senza questa, dove lo trovo il coraggio?»

«Secondo me, nell'altro.»

Poi è sparito. Mi scriveva dei messaggi dal tono: non è il momento, non sono come te, è meglio di no. Io proseguivo la mia vita, anche sentimentale, mi ero preso una cotta, ma i tempi e le motivazioni non rendevano possibile nulla per cui piangere o disperarsi troppo. Poi ho pensato che magari la moglie lo avesse beccato nudo col giardiniere e fosse accaduto chissà che. C'è stato anche un momento in cui mi sono detto: ha smesso di farsi e non ha più il coraggio di accettarsi, ottimo, va bene così. Prima aveva due problemi, adesso ne ha solo uno.

Dopo quasi un anno è tornato con un "ci vediamo?". Erano circa le due, come al nostro primo incontro. Ho risposto "okay" ed ero felice di rivedere Marco. Felice.

Abbiamo cominciato a toccarci appena è entrato a casa mia e lui già scalciava le sue scarpe da tennis una con l'altra e ci spogliammo limonando. Ha pippato da nudo, pareva una scultura molto pop e invitante. Siamo finiti a letto come entrambi sapevamo benissimo dal primo messaggino. Mi sembrava si drogasse con più foga, si sciacquava le narici andando in bagno e tornava asciugandosele con dei ridicoli lunghi rotolini improvvisati di carta igienica. Li trovavo nella spazzatura sporchi di sangue per molti centimetri.

Quando due pance nude si toccano, mi sembra sempre una promessa di fiducia, perché è un'intimità più buffa che sensuale; poi arriva il resto del corpo e comincia un altro gioco. Stavolta mi sembrò più affilato. Fu molto più doloroso, anche il suo volto che nell'atto pareva sia contrario sia preso da brama crescente, sia spaventato, sia arreso. Una lotta interiore, direi ora, ma lì dissi: ancora!

La mattina insieme al caffè sul vassoio Marco portò anche otto cornetti, a quel punto ero disposto a innamorarmi di nuovo. All'istante. Anche perché vedevo da molto vicino i suoi boxer rossi.

«Marco, posso dirti che ai miei tempi la coca il pisello non lo faceva rizzare per niente?»

«C'è il Cialis, Carlo.»

«Ah, ok, certo. Cialis a te, allora.» Brindo con una lunga treccia alla crema e uvetta.

A pranzo mi raccontò che ultimamente pensava spesso alla sua doppia vita, che era combattuto, che stilava elenchi di pro e contro, e da drogato aggiungeva motivazioni a favore del coming out che poi da sano strappava in mille pezzi. Si alza in piedi infilandosi le mani in tasca, immagino per estrarre uno di questi suoi elenchi notturni scampato alla distruzione. Insieme ad alcune cartacce e qualcosa che potrebbe essere caramelle o blister esausti di medicine, tira fuori un ciuccio. Rosa e verdino. Lo guarda. Mi guarda. Se lo rimette in tasca come se potesse cancellare quel fotogramma dalla mia memoria; magari in montaggio. Ma la mia faccia che mostra un mondo di poche certezze che vacillano prima del crollo non dà adito a dubbi.

«Marco, ma tu hai una figlia?»

«Sì.»

«E non me l'hai mai detto?»

«Ne ho due. Vuoi un tiro?»

«Non credi che tu stia esagerando?»

«Dài, non rompere i coglioni. Perché non ti ho detto che ho una figlia?»

«Due.»

«Ma che c'entri tu con loro?»

«Mi pare ci sia un livello di puttanate che racconti che ti sta un po' sfuggendo di mano.»

«No. Pippo un po' di più, ma poi calo, la gestisco. È così.»

«Da fuori sembra più che ti stai distruggendo.»

«No.»

«Ma riusciresti a stare senza per cinque giorni di fila?»

«No.»

«Non posso obbligarti. Cosa faccio, ti incateno? Ti chiudo a chiave in bagno? Non so nemmeno bene chi sei, mi dici che stai divorziando e ora scopro che hai due figlie? Magari ora mi dici anche che sei vedovo e scopi con tua nonna? Il biondino con cui giocavo a tennis in realtà è tuo fratello gemello?»

«Non ho due figlie. Sono un maschio e una femmina.»

«Ma vaffanculo.»

Non ho risposto a diversi messaggi, è sparito per giorni. Ci siamo scritti amichevolmente, ma senza vederci mai. Una notte insisteva parecchio, ma non avevo voglia né di spogliarlo né tantomeno di affrontare la questione che mi sembrava dovesse chiarirsi da solo. Non pensare di salvarlo, Carlo, attenzione alla sindrome del crocerossino. Mi sa che è la prima volta che ho coniugato questa patologia al maschile.

Continuò a insistere con altri tre messaggi, entrambi sapevamo bene cosa volesse. Ma dopo il primo io ero già andato a dormire. Da solo. Non stasera, era stata la mia ultima parola non detta. Mi ha scritto: "ci vediamo?" alle 2.48, alle 3.30, alle 4.54.

Il giorno dopo intorno alle sei di pomeriggio un messaggino di un amico comune mi avvisa con un tatto inarrivabile e tutte minuscole che non potrò mai dimenticare: "è successa una cosa a marco".

E cosa è successo? Dimmi che non è successo. Dimmi che non l'hai fatto. Dimmelo. Scrivi. Rispondi. Perché non rispondi, Marco?

E non risponde mai. A nulla. Allora chiamo l'amico comune. È successo che Marco è morto. È salito all'undicesimo piano, dove c'è una finestrella, si è spogliato di tutto tranne i boxer rossi e si è buttato di sotto. O forse è caduto. Ma si è sfracellato.

«Era pieno?» chiedo all'amico che so che sa, perché li ho visti stendere droga assieme nel bagno di una discoteca.

«Pienissimo. Da giorni. Dormiva in albergo da giovedì.»

«È tornato a casa per ammazzarsi?» Cerco di capirne il senso.

«Sì. Infatti forse è caduto.»
«Vaffanculo.»

L'amico comune mi ha scritto un ultimo messaggio prima che il dolore che ci accomuna sovrastasse di gran lunga il desiderio di rivederci, trasformandolo in un mai più telegrafico:
"Volevo solo dirti che se vieni al funerale la nonna di Marco non sa. Nulla. Sa che è morto x brutto incidente stradale e che non era colpa sua. Stop. Il padre chiede silenzio".

Mi manca Marco.
Mi manca spesso. Non sono fiero di nessuna delle parole che gli ho detto in vita.

15

Corpo a corpo

Ma io, alla fine, di Vincenzo Muccioli, cosa penso?

Tutto il possibile, il bene e il male, sono stato muccioliano, antimuccioliano, soldato, critico, collaborazionista, possibilista, in dubbio, discepolo, contrario. È successo a tutti, in writingroom. È il motivo per cui ci siamo detti chiaramente che questa altalena di giudizi che a un certo punto mette in dubbio il giudicare in sé sarebbe dovuta rimanere un filo conduttore della serie.

Penso che non si possa comprendere nulla di Vincenzo Muccioli senza averlo prima inserito nel suo contesto. O li riportiamo a quel tempo lì, gli spettatori, altrimenti senza il contorno, senza lo scenario, è impossibile capire cos'ha significato questa vicenda. È necessario far ricordare che ogni giorno venivano rubate autoradio, soldi, catenine; che ogni famiglia aveva in casa il figlio maledetto di cui non si poteva parlare anche se chiunque sapeva che se l'era preso la droga; figli a picchiare nonni e genitori per strappar loro qualcosa da vendere al rigattiere per la dose. La metafora degli zombie è molto precisa, le stesse persone che prima pensavi di conoscere all'improvviso, punte dall'eroina, ti si rivoltano contro. Lo Stato assente per impreparazione, famiglie ricche e famiglie povere abbandonate a loro stesse a combattere da sole. Le figlie contro le madri a strapparsi i capelli per la libertà di un buco, fratelli contro sorelle, padri piangenti senza sapere che fare, la prostituzione come alternativa al furto, i morti per strada, sotto gli occhi di tutti. *Overdose* che alle nostre orecchie suonava come l'altra parola-malattia indicibile, *cancro*, e si leggeva *morte*, senza tanti distinguo.

Ma devo dire che la questione, per me, non è più se Vincenzo Muccioli fosse buono oppure cattivo, se abbia fatto bene, male o potesse fare meglio o peggio; la questione è cosa ha scoperto e cosa questa vicenda insegna a noi come comunità. Ricostruire quello che è accaduto per imparare, per conoscere, anche per non ripetere gli stessi sbagli – volendo –, ma il cuore non è giudicare. È comprendere. O provare a farlo.

A me incuriosisce e affascina anche immaginare la produzione di pensiero avvenuta all'interno di Sanpa, fra gli ospiti in quelle condizioni, con quelle premesse e con quella promessa stipulata fra loro vicendevolmente: «Ci si salva a ogni costo». Un incipit potentissimo. Forse questo è anche il tentativo di riportare in vita brandelli di discorsi, audio e videoregistrazioni immaginarie ma possibili riversate nei miei sogni, fantasiose ricostruzioni in cui vecchie e nuove testimonianze si fondono. Finzione informata sui fatti, nulla più. Anzi: fiction chiamata a raccontare deponendo come persona informata sui fatti. Ipotesi sul reale.

«Ma tu lo sai quanto bene fa oggi, nel 2020, San Patrignano? Non ti basta sapere questo?»

No, non mi basta. Non è un argomento. Sono prontissimo ad ammettere che oggi San Patrignano è un posto fantastico. Non lo so con certezza, ma quelli che me ne hanno parlato ne lodano l'opera attuale, quindi non ho motivo di pensare il contrario. Ma forse a maggior ragione mi interessano le radici, perché non mi accontento della storiella dei frutti buoni che non possono cadere tanto lontano dall'albero, che peraltro fa scopa con i figli che si sa non portano sulle spalle le colpe dei padri. Io voglio sapere come mai questa struttura che oggi funziona è stata dal 1979 una vicenda controversa e nazionale. Capire cosa è successo, ricostruire ciò che ci hanno voluto tenere nascosto. Non è più interessante per tutti?

Metti che in realtà è la storia di un gruppo di tossici che riesce a salvarsi dal proprio creatore, maestro, mentore; non se ne capacitano neppure loro ma è l'unica strada. Oppure sono proprio convinti che da un certo punto in poi il capo abbia perso la testa, succede. Che uomini saremmo se non comprendessimo le debolezze altrui? Poi proprio noi che di quello ci occupiamo, di far risollevare gli ultimi. Pazienza se ha sbagliato, quante volte ci ha perdonato lui? Risolviamo la questione. Chi c'è c'è, non si può gettare al vento un'esperienza così, noi ci siamo salvati, il cuore di partenza era sano, o comunque noi abbiamo colto solo il boccone buono del frutto antico. Siamo vivi. Andiamo avanti, l'abbiamo sempre detto: la città dei ragazzi è più forte di qualsiasi singolo, Sanpa è scelta collegiale.

Non sarebbe una storia bella e di riscatto? Di vittoria

di una sorta di bene comune che è più forte di qualsiasi desiderio egoistico?

Quando cerchi una verità puoi trovarne molte altre, è vero. Per fare questo lavoro devi essere disposto ad accettare anche ciò che non ti aspettavi di scovare.

Infine non posso tacere l'omosessualità. Presunta, falsa, usata per infamarlo, reale, combattuta, negata, nascosta, una pura invenzione. Non sarò io a deciderlo né a insinuarlo, perché non lo so. Eppure non posso dimenticare che c'è stato un momento in cui mi è sembrata una caratteristica tutt'altro che secondaria in questa vicenda. Il fatto di esserlo anch'io mi metteva in quella condizione di voler comprendere per forza certi segnali. In molte testimonianze, sia lette sia avute di persona, l'omosessualità di Muccioli era presente, placida e tranquilla. Avevo la sensazione di un uomo che si innamorava, non di uno che andava con chiunque. Mi ha fatto una tenerezza immensa, anche nel suo essere costretto a tenere nascosta la sua natura, se così fosse stata. Mi sembrava di rendergli giustizia, raccontandolo. Reagii come mio fratello minore quando feci coming out con lui.

«Alessandro, sono gay.»

E lui: «Figo!».

Così.

Quando iniziarono le interviste le cose cambiarono un poco. A camere accese i testimoni preferivano glissare, reticenze non macroscopiche apparivano qua e là, piccole omissioni. Svanivano certezze. Alcuni "ho visto" diventarono "mi han detto"; i "ci ha provato con me" dei "ci provava con altri, io mica sono uno di quelli".

Ho capito strada facendo – a volte indignandomene, altre ridendone di cuore incredulo – che ancora oggi per molti l'etichetta di omosessuale è più infamante di quella di assassino, o evasore, o anche solo violento, autoritario, cattivissimo. Puoi dire ladro, disonesto, fuorilegge, ma se dici gay, allora stai offendendo oltre il lecito. Se è comprensibile, senza essere condivisibile, che così si pensasse all'epoca dei fatti e per lunghissimi tempi bui, diviene sconcertante che avvenga in un momento in cui le leggi attuali e le generazioni più giovani sembrano aver superato la questione. È il segnale evidente di una barriera comunicativa: chi parla come se le cose non fossero avvenute, come se i mutamenti sociali avessero valore solo per gli altri o in futuro, parla un'altra lingua da un altro mondo, si rende incomprensibile, zavorra, danno.

Mentre faccio gli auguri a Moreno disegnando un cuore su un post-it appiccicato allo specchio del bagno, penso che non sono interessato né preoccupato dall'orientamento sessuale di Vincenzo Muccioli, qualunque esso fosse. Ormai stiamo davvero parlando d'altro, noi vivi.

16

La ricerca continua

Nel mio telefonino, tra le preferite per trovarla con più facilità in quella gigantesca cantina magazzino della memoria che è la cartella FOTO, c'è un'immagine che durante la lavorazione più volte mi scopro a fissare o ingrandire. È la foto di classe in bianco e nero di una sezione italiana delle elementari negli anni Sessanta. Ritrae ventotto alunni in divisa, ritti e fieri in posa, sorridenti nel giorno dello scatto. Nove di loro sono ben contrassegnati con una X rossa disegnata tempo dopo a pennarello: sono coloro che nei successivi quindici anni si perderanno nell'eroina. Più di uno su quattro, il calcolo è semplice. Praticamente uno su tre. A volte la sintesi che può fornire un'immagine è molto più efficace di tante parole; lo stesso vale per la sintesi che può apparire arida della statistica matematica. Nove su ventotto, oltre il trentadue per cento.

Non è una foto qualunque, è quella di copertina del libro di Gaspare Virzì, ospite di San Patrignano. Quando trovammo *Il coraggio di uscirne*, ricordo che ce lo passavamo di nascosto come fossimo i primi studiosi di nazifascismo ad aver scovato il diario di Anne Frank. Perché è un testo piuttosto sconvolgente. Gaspare è stato per molti anni un tossicodipendente, è stato salvato a San Patrignano da Vincenzo Muccioli in persona, si è fatto una *chiusura* totale di trentadue giorni, è uscito dalla droga, è diventato un importante collaboratore all'interno della comunità, prima di lavorare a stretto contatto con il fondatore per due anni. Poi è uscito, tornato nel mondo. E ha deciso di parlare e scrivere.

È colui che al processo Muccioli nell'ottobre del 1994 conclude la sua testimonianza con queste parole: «San Patrignano è una legione straniera che funziona». Che poi saranno esattamente l'incipit del suo libro.

Conservo due fitte paginette di domande urgenti che sognavo di porre a Gaspare Virzì, compilate durante l'appassionante lettura del suo testo, prima che venissimo a conoscenza della sua morte.

Mi è spiaciuto moltissimo. Sarebbe stato in cima alla lista dei nostri intervistati, come a lungo è avvenuto, prima della scoperta.

Avrei voluto incontrarlo, parlargli, guardarlo negli occhi, sentire la sua voce. Mi pareva di averlo conosciuto ma di aver perso il suo numero di telefono; di conoscerlo bene ma che non volesse più parlare con noi. Nei momenti di dubbio o sconforto, rileggevo il suo libro, sottolineavo passaggi, me li immaginavo detti dal vivo.

«È vero, nel mio caso era stata violata la legalità costituzionale, mi era stata tolta la libertà di movimento. Ma questo era stato l'unico modo per salvarmi la vita. Eppure Vincenzo in quei giorni era sul banco degli imputati, accusato di sequestro di persona. Era un vero e proprio processo di inquisizione nei confronti di un uomo e di un metodo che sovvertiva i criteri ufficiali della legalità.»

«Era facilissimo partire per tangenti mistiche. Questo bisogno di trascendenza emerge violentemente quando smetti di farti. Per tanti la roba è proprio una risposta a questo bisogno, anche se è una risposta artificiosa. La roba è una difesa contro un mondo che vivi come una continua minaccia, come un insieme di imposizioni a orari fissi, che pugnalano la fantasia, l'interiorità e i sentimenti di cui ti nutri.»

«Mi parlava di Vincenzo e collaboratori come di un cenacolo di mistici che, passando attraverso le sedute medianiche, si erano formati in una specie di francescanato per condurre una crociata per il bene e la salvezza dell'uomo, in nome di una non ben definita armonia universale.»

«Vincenzo aveva pescato qua e là da filoni religiosi diversi. Aveva emesso una sorta di proclama dando una definizione di armonia universale che in questa sorta di "mucciolesimo" doveva rappresentare Dio. Quell'uomo aveva veramente poteri paranormali, e lo avevamo verificato toccando con mano le sue capacità.»

«La polizia era venuta ad arrestarlo trattandolo come un criminale. Si racconta che mentre lui era ancora nel letto, un poliziotto gli aveva puntato la canna del mitra alla tempia, per svegliarlo, e gli aveva detto: "Alzati, stronzo". »

Ipotizzai anche di inserire nella docuserie delle citazioni da leggere, qualche frase, mezze pagine a tutto schermo. Ricordo che a lungo in testa alla sceneggiatura dell'episodio tre compariva l'aggiunta "dedicato a Gaspare Virzì" e provavo a convincere i miei colleghi della bontà di "intestare" ogni episodio a qualcuno che non c'era più. Alla fine la mia proposta non passò, e non ne sono affranto, credo sia meglio così; ciò che invece per fortuna scartammo presto fu il testo scritto da propinare ai nostri futuri spettatori.

Dico per fortuna, perché le schermate di testo sono una sconfitta. In sceneggiatura per me valgono solitamente come segnaposto. Come a dire: qui dobbiamo riuscire a spiegare questo tema, queste parole di Virzì devono essere la guida di questi quattro minuti, questo è il ragionamento a cui dobbiamo portare il nostro spettatore; se non dovessimo farcela coi nostri protagonisti, col repertorio, con la commistione delle nostre possibilità e abilità, allora metteremo la scritta, faremo leggere gli spettatori. Ecco perché, tranne tante valide eccezioni, formalmente è una sconfitta. È il solito vecchio e caro dogma *show, don't tell* – mostralo, non spiegarlo – e cosa c'è di più *tellato* delle parole scritte che uno spettatore all'improvviso deve mettersi a leggere a distanza dal divano, magari dopo aver premuto PAUSE per paura di non fare a tempo?

Durante la fase di interviste, a mano a mano che le giornate si consumavano e dunque le possibilità diminuivano, mi si era insinuato un tarlo figlio di Gaspare Virzì e della lettura delle sue parole: era come la sensazione che certi argomenti profondi, che avevamo compreso anche grazie a lui, non sarebbe stato facile raccontarli; forse alcune cose sarebbero state proprio impossibili da far comprendere allo spettatore; forse, semplicemente, ci mancava qualcosa, qualcuno, una voce.

Condividevo questa preoccupazione con gli altri, con Gianluca, con Paolo e con la regista Cosima Spender; ricordo una cena, ricordo diverse bevute post giornata lavorativa, in quella bolla che la vicinanza al set produce, di intimità data anche dalla stanchezza e dal desiderio di collaborare e fare bene, una zona un po' da difese abbassate. Non posso dire che fossimo insoddisfatti, ogni giorno si aggiungeva un pezzo, ogni giorno almeno un tema poteva essere spuntato dalla nostra mappa mentale, ogni giorno qualche tassello trovava il suo narratore o qualche racconto riusciva a colmare un dubbio legittimo, un'incongruenza, quindi le soddisfazioni erano continue. Il puzzle andava a formarsi oltre le aspettative anche grazie alla navigazione a vista, alle correzioni progressive, alla nostra presenza fissa sul set. Ma sentivamo che mancava qualcosa senza saperne il nome; altrimenti l'avremmo cercata con più puntualità.

Ci demmo un generico ordine di tenere gli occhi aperti, le orecchie attente, di non dare per scontato che la ricerca di testimoni fosse finita, di insistere anche se la produzione si stava già dannando per contenere i costi che nei giorni di set lievitano rapidi. Chiedere di aggiungere giorni di riprese è come mettersi in lista d'attesa per ricevere un nuovo rene avendone già due funzionanti: ti senti in colpa tu stesso.

Per me era come se certi abissi intravisti o addirittura svelati – ma *off the record* come si suol dire, fuori dal documentabile o ripetibile – non fossero ancora rappresentabili, si rischiava di perderli. Eppure sapevo che c'erano. Ma gli abissi, più che raccontarli o addirittura spiegarli, credo si possa al limite indicarli, far conoscere la loro esistenza, invitare a specchiarvisi facendosi da garanti per un probabile ritorno. Quindi non sai mai quando e come, e se li hai affrontati. Si tratta di portare lo spettatore il più vicino possibile al baratro e sperare di trovare le parole giuste che non lo distraggano dal riconoscersi. A volte sono un silenzio. Una sospensione. A volte un monologo o un singolo sospiro che con un gesto scaccia una parola da non dire o forse nemmeno pensare.

È molto difficile sapere con certezza cosa si è riusciti a portarsi a casa, anche se da sceneggiatori di questa docuserie ci stiamo allenando da tempo. Abbiamo percorso trame possibili, ci siamo interrogati su motivazioni interiori altrui per poi confrontarci con diversi testimoni, sappiamo abbastanza bene cosa contribuisce al disegno generale, abbiamo uno sterminato elenco di temi da indagare anche se siamo consci che non tutti troveranno spazio nel racconto corale che stiamo inseguendo. Abbiamo disegnato una mappa, seppur in parte mentale. Aiuta a orientarsi.

Adesso potrei dire che forse ci mancava un Virzì, ai tempi non l'avrei saputo formulare così. Forse quando sentimmo la sua intervista per Radio Radicale del 23 giugno 1989, balenò la sensazione che aver perso quella voce specifica fosse un gran peccato.

Il titolo è: "Droga: presentazione libro *Il coraggio di uscirne*". La pacatezza con cui si parla per radio è d'altri tempi, di certo mantenuti antichi a lungo anche da quella emittente nello specifico. Dura più di quaranta minuti perché online si trova il cosiddetto *grezzo*, la registrazione integrale prima dei tagli o di eventuali montaggi.

Risponde poco, Virzì, alle domande, risponde quasi

sempre: «Preferirei che leggeste prima il libro, sono argomenti delicati e non vorrei venir strumentalizzato». Si ha la sensazione che tema denunce per diffamazione. Dice con chiarezza che non c'è in lui nessun intento politico o di denigrare la comunità.

Gaspare si è iniettato eroina per sette anni, poi il giorno di Natale – giorno magico per chi ha passato mesi in attesa in coda fuori dalla comunità, perché il mito vuole che Muccioli a una cert'ora di quella notte appaia ai cancelli e faccia entrare tutti quelli che può, fino all'ultimo angolino disponibile; perché tutti non può, davvero non sarebbe possibile, ma Natale è Natale e deve esserlo anche per i tossici – entra a Sanpa, è il 1984. Ne sarà fuori tre anni e mezzo dopo, il 27 luglio 1988. E scriverà subito di questo suo coraggio di uscirne.

«Dalla droga e dalla comunità, giusto, Gaspare?» chiede l'intervistatrice Rita Bernardini, e lui conferma. Poi aggiunge una cosa molto precisa: «È Muccioli stesso a dire sempre che gli insegnamenti più preziosi li ha avuti dai ragazzi, dagli ex tossicodipendenti; ecco, questo libro è un'occasione per apprendere. Vuole essere un contributo per migliorare la funzionalità di San Patrignano, perché dà dei risultati ma non sono quelli propagandati. Per far capire a Vincenzo stesso che questo metodo si può migliorare, se si riconoscono i valori positivi della mia generazione».

All'ennesima domanda su quali siano i lati positivi e quali quelli negativi di questo metodo o di Sanpa stessa, Virzì fornisce un'interessante chiave di lettura che definirei quasi una sorta di selezione all'ingresso per chi mai volesse approcciarsi a questa storia d'ora in poi: elencare pro e contro ne dà una visione limitata, un'immagine riduttiva.

Come dargli torto? Come non ammettere che ci abbiamo messo mesi a capire che questo fosse uno dei nodi centrali? Forse il pericolo maggiore.

Quando gli viene ricordato che appena saputa l'uscita del libro, Muccioli lo ha definito pubblicamente e con disprezzo «un bugiardo megalomane» e il suo testo colmo di menzogne, Virzì non si scompone, rifiuta di rispondere e infine chiosa: «Nonostante l'attacco personale gli voglio bene come prima».

Ma qual è la questione dei dati gonfiati? Così la racconta Gaspare: per un certo periodo lui partecipa assieme a Muccioli a convegni e conferenze, come il prototipo di tossico che ne è uscito e ora lavora alacremente e solerte al fianco del fondatore. Un esempio vivente; un miracolo che cammina; un salvato che testimonia la bontà della comunità. In queste varie occasioni pare che il numero dei guariti abbia subìto un anomalo gioco al rialzo – dice – fino ad arrivare a seimila, quasi seimilacinquecento, e a questa vetta altissima cristallizzarsi nell'immaginario collettivo. Gaspare, che lavora all'accettazione e risponde alle lettere di richiesta di ingresso, fa i compiti a casa nelle pause del suo impiego, conta scheda per scheda, e infine evidenzia: «Dall'inizio – quindi dal 1979-80 – a quando sono uscito io, anzi limitiamoci a tutto il 1987 così siamo più sicuri, i tossicodipendenti passati dalla comunità sono duemilacinquecento, massimo tremila; i guariti totali sono circa trecento. Quindi il dieci per cento».

Gaspare riconosce la bontà dei risultati, ma non condivide l'esagerazione sui numeri. Mi verrebbe da dire che da ex tossico gli sembra importante battersi contro l'arma infamante di cui di solito sono tacciati d'essere maestri: la menzogna. Quella che infatti Muccioli non ci pensa un attimo ad affibbiargli: sei un bugiardo megalomane.

L'altro tema di cui parla Virzì, spronato dalle domande, è quello delle raccomandazioni per farsi accettare in comunità, che secondo lui sono troppe e in continuo aumento. Ma anche su questo Virzì ha una posizione diversa: scagiona Muccioli. Dice che questa prassi è indipendente dal desiderio del fondatore. Addirittura Virzì la definisce «un tributo obbligatorio alla partitocrazia».

La registrazione si chiude con questo scambio.

Marco Taradash, anche lui ai microfoni radio, ci prova: «Dato che c'è tanta ignoranza intorno alla comunità di San Patrignano questo libro finirà per essere una bomba perché la gente aprirà gli occhi per la prima volta, questo è l'unico difetto, e anche il merito del libro».

Gaspare Virzì non ci casca: «Una bomba è qualcosa che esplode e che fa male e che comunque distrugge. Questo è un libro per costruire, quindi il termine bomba mi sembra assolutamente improprio. Non è un libro contro San Patrignano, è un libro per San Patrignano e per tutte le comunità».

Ha una voce ferma, quando vuole, Gaspare; e non cede di un millimetro, sa quello che ha fatto e ci tiene a rivendicarlo. Nulla più.

Quanto mi manca quando lo riascolto, quanto vorrei comporre il numero di Radio Radicale nella speranza che Gaspare Virzì sia ancora in diretta fiume da allora.

So bene che la comunità già ai tempi si dissociò dal libro, poi la vicenda ebbe lunghi strascichi, Gaspare soffrì moltissimo, riprese a bucarsi, venne di nuovo accolto a San Patrignano.

Con la docuserie *SanPa* ci è successa una cosa analoga: la scomunica, il *non placet*, la dissociazione. Allora ecco la citazione che rubo a Virzì, dedicandogliela, nel ricopiarla dal mio taccuino in risposta alla loro reazione.

«*SanPa* non sarà una docuserie contro San Patrignano, sarà una docuserie per San Patrignano e per tutte le comunità, compresa quella italiana.»

Ci diciamo di tenere gli occhi aperti e continuare a cercare, e intanto proseguiamo a intervistare quelli sulla lista dei convocati. Presto sarà il turno di Paolo Severi, che è uno degli ultimi, essendo spesso con noi per aiutarci a coordinare alcuni intervistati e fugare dubbi notturni quando ci chiediamo se stiamo facendo bene.

17

Documentaggio

Mettere insieme i pezzi. Ricordare le frasi dette. Il cuore. Gli argomenti e gli schieramenti. Memorizzare una sintesi per ogni sequenza, come fosse un numero, una parola chiave. Per essere in grado di riportarla alla mente con celerità. Mettere poi queste unità una vicina all'altra anche solo per vedere l'effetto che fanno. Cosa accade? In principio erano stralci di repertorio vivissimi e scene di memoria vissute da bimbo. Già si erano incastrati fra loro, questi pezzulli, raccontando stagioni diverse da punti di vista differenti. Ora si stanno aggiungendo giorno dopo giorno anche le interviste. I brani delle testimonianze recenti devono farsi spazio, infilarsi, spesso sostituirsi a brani precedenti. In alcuni casi le nuove tessere scaldano, in altri raffreddano, spiegano meglio, approfondiscono. Ogni pezzo può cambiare l'intera figura o aiutarla a completarsi, a seconda che si accomodi in accordo o in contrapposizione. Ovviamente le parole possono smentire le immagini e viceversa. Un continuo smontare e rimontare. Fare ipotesi. Fantasticare su quali storie sia possibile raccontare fino a quel momento lì, col solo materiale raccolto finora. Sceneggiare nella testa delle sequenze per esaudire il nostro script di partenza: il fatto lo introduce l'autorevolezza del Tg1, sotto usiamo le immagini d'archivio girate dentro Sanpa, male che vada viene tutto raccontato da due ospiti e dal figlio, che già abbiamo intervistato, e solo alla fine parla il giudice.

A volte, per ridere, costruire dei simil documentari su tematiche folli, definiti moc in gergo, contrazione di mockumentary, finto documentario. Il primo moc che vidi è un corto iscritto negli anni Novanta al Milano Film Festival, in cui con interviste a esperti, scienziati e militari, e con l'ausilio di mappe, documenti e grafici seri e professionali, si spiegava come in realtà il nazismo venisse inoculato nelle coscienze europee attraverso la capillare distribuzione sulle nostre tavole del salame ungherese affettato sottile. Ho riso per tre mesi, raccontandolo a chiunque.

Tutto ciò è un esercizio che serve in sostanza a garantirti dei minimi e, a volte, a ricalibrare le interviste; poi accadrà il montaggio vero. Io però a volte ci rimango un po' invischiato in questo che chiamo documentaggio: il mettere in fila delle sequenze, montare idealmente delle tessere che parlandosi creano senso. Mi fisso su tre frasi e me le ripeto in loop come un mantra. Poi le mischio a ciò che diceva lo stesso testimone anni prima, da giovane. Poi il repertorio aggiunge e accende immagini e parole. Poi penso che così montato dovrebbe essere l'inizio, non so di cosa, di una storia, forse un monologo, forse teatro o anche l'inizio di una serie televisiva di fiction. È l'inizio di qualcosa che con ogni probabilità non scriverò mai. Mi serve anche solo per mettere a fuoco un tema. Una sintesi drammatica invece della descrizione di un fatto. A volte monto su carta. Mi scrivo le frasi. Le sposto. Due affermazioni messe una accanto all'altra possono essere esplosive. Possono farti capire, mentre ti eserciti, che forse il cuore della docuserie è altro, è altrove. Mi piace tenere traccia di questi montaggi parziali, meno informati, che brancolano nel buio alla ricerca di completezza. Perché spesso già contengono degli sprazzi di luce, delle verità di parte ma limpide, degli accenni di discorso che dopo sarebbe difficile identificare e recuperare.

Sanpa era una comunità hippie di destra. Non si parlava mai di droga. Certo che i tossici hanno angosce che si assomigliano, è perché le angosce loro sono quelle di tutti, di sempre. La droga è un sintomo. Muccioli voleva riprogrammare i giovani.

18

Senza quiete

L'intervista a Paolo Severi la facciamo in biblioteca.

Quando sono venuto qui mesi fa per sopralluoghi e incontri preliminari, ho conosciuto il direttore uscente della Biblioteca di Coriano, una persona empatica, preparata e innamorata del proprio lavoro; uno di quei tasselli fondamentali della straordinaria galassia del sistema bibliotecario italiano che in molti nostri paesi svolgono l'indispensabile funzione di unico presidio culturale sopravvissuto, e che non ringraziamo mai abbastanza. È stato un bellissimo incontro e anche molto fertile, perché il direttore, da bibliotecario di lungo corso, è un profondo conoscitore della vicenda di San Patrignano. Infatti ci ha messo a disposizione un'enorme quantità di materiale fotografico, di stampa locale dell'epoca, di libri sull'argomento e pubblicazioni laterali, persino copie del giornalino di San Patrignano, alcuni volantini di manifestazioni pro e contro.

Amando il suo modo schietto di raccontare, ai tempi gli chiesi se ci avrebbe concesso l'intervista per la nostra docuserie, e lui fu onesto: «No, ci sono persone che la conoscono molto meglio, questa storia».

«Per esempio, chi?»

«Il sindaco Pierini.»

«Vero. Ma se nessuno dovesse accettare?»

«Allora ne riparleremo.» E aggiunse, più o meno: «Ma dubito che avrete difficoltà, sono in molti che aspettano da una vita; sono troppi anni che ce la raccontiamo solo fra di noi».

Quando intervistiamo Severi a ottobre, il direttore purtroppo è già in pensione. Mi piace la Biblioteca di Coriano. Mi piace pensarla anche come simbolo per dire che a Coriano, a San Patrignano, da quelle parti lì, non c'era solo la comunità di Muccioli, c'era anche uno Stato con alcuni avamposti, che stentava, che arrancava, che inseguiva cercando di capire, ma che ancora ci provava.

A pochi metri dall'uscita posteriore della biblioteca c'è una sorta di teca-gabbia in rete di ferro, il pavimento che solo lì sotto sostituisce il prato è asfalto, una striscia, un pezzo di pista, con scritto gigante 58, col carattere da maglia sportiva, da numero del campione. La gabbia contiene solo un palo infilato in questo asfalto numerato e su di esso un bruciatore che ricorda una marmitta. La marmitta di una moto. È il monumento a Marco Simoncelli, pilota morto ventiquattrenne sul circuito di Sepang. Ogni domenica all'imbrunire, da quella marmitta ben protetta escono fiammate, per un numero preciso di secondi: 58, il numero di Sic. Quando scopro tutto ciò, penso all'ossimoro di rinchiudere potenza esplosiva, penso alle profondità toccate da Virzì durante e dopo il suo isolamento nel nulla per trentadue giorni; e un po' penso anche agli animali feroci che nel giardino di Muccioli venivano mostrati in gabbia, forse a sottolineare che chi doma la tigre doma anche l'eroina, a ricordare il potere della sottomissione, o forse solo un'antica passione del Vincenzo allevatore.

È evidente che questa non è solo una storia sull'eroina, altrimenti non saremmo così coinvolti. Siamo nel 2019, la droga per vena non è il nostro problema. Cosa si è cercato di fare realmente lì dentro per anni? È sempre stato lo stesso progetto o è mutato nel tempo? Come la rappresentiamo questa opzione? Ci sarà un altro ex tossico, oltre a Virzì, che è stato salvato da Sanpa, poi si è fatto affascinare da Muccioli a lungo fino a capirlo così a fondo da decidere di staccarsene? O di parlarne? O di scriverne? Questo cuore va trovato, anche quel dolore reclama memoria.

Ma oggi c'è in programma l'intervista a Severi, che è diversa dalle altre perché con Paolo abbiamo parlato tante volte. Anche se mai a camere accese. Ora gli facciamo raccontare di nuovo ogni cosa dall'inizio, chiedendogli di dimenticarsi che alcuni di noi conoscono già molte storie. Deve farci di nuovo ridere, o stupire, o piangere, o arrabbiare. Come se fosse la prima volta. Non deve mai pensare di dover aggiungere particolari per i vecchi ascoltatori che sanno già come va a finire. Ci serve la versione basilare, autentica, quella là. Quando la mattina gli parlo, mentre Diego sta finendo di sistemare le luci, lo vedo un po' teso. Mi fa ridere dirgli cose che direi in quinta o in camerino a un comico di cui sono autore: «Tranquillo. Divertiti a raccontarla tutta, senza fretta, senza calcare, se ti dimentichi qualcosa pazienza, non stare a inseguire nessuna esaustività e non aspettarti nessun effetto raggiunto in narrazioni precedenti. Non avere aspettative e ricordati che qualunque cosa che ti sembra travisabile o ti preoccupa la puoi ridire».

«Pronti a girare fra cinque minuti!» La produzione allerta e sprona perentoria i presenti sul set.

«Sei pronto?» chiedo a Paolo con tono protettivo per rassicurarlo che noi siamo in condizione di girare fra pochi minuti ma che comunque è implicito che finché non sarà pronto lui nulla inizierà.

«Sì, ci sono. Son giuste le cose che mi hai detto, Carlo; sai però qual è la differenza? Che io mi sento in camerino ad attendere il mio momento dalla metà degli anni Novanta.»

«T'abbiamo fatto aspettare venticinque anni in quinta per fortificarti. Era tutto un piano, Paolo. Ti senti carico a sufficienza?» sdrammatizzo.

«Direi proprio di sì. Grazie.» Ride e va tutto benissimo.

L'intervista sarà lunga, alle domande ci alterniamo Cosima, io e Gianluca. Mi fa un effetto strano risentire concetti come distopia, racconti di ingiustizie, certi meccanismi svelati, per il semplice fatto che, al contrario della prima volta che li ascoltai dalla viva voce di Severi, ora li abbiamo studiati, indagati, digeriti, usati per formulare domande ad altri testimoni, presi come titoli di atti, adoperati come segnaposto per indicare macroargomenti. Adesso sono parole densissime, mi sembra quasi di percepirne il peso.

Mai come durante questa chiacchierata mi renderò conto di quanto utile siano stati Paolo e il suo continuo desiderio di aggiungere storie, particolari, testimoni. In qualche modo, visto che poi gran parte del lavoro dello sceneggiatore è costruire degli archi narrativi dei propri personaggi, questa intervista – Paolo Severi seduto microfonato e sorridente, pronto a vuotare il sacco nel bel mezzo della Biblioteca comunale di Coriano – mi appare come la naturale chiusa di un ciclo gigante che parte con l'entrata di Paolo a Sanpa o forse addirittura col suo primo buco, ma che ne chiude anche uno minore che si era aperto quasi un anno fa con l'entrata di Severi nel nostro ufficio, con l'aria da detective felice di guardare finalmente negli occhi i propri committenti che aspettava da anni per poter relazionare sull'intera vicenda. Ai tempi, e davanti a noi, si diede un'ultima possibilità, qui ora la sta realizzando.

Durante le pause mi aggiro per la biblioteca. Mi piace quel meccanismo tipo caveau o portellone di sommergibile che permette agli scaffali di distanziarsi creando fra loro un corridoio per renderli consultabili ma riducendo lo spazio totale occupato. Fantastico su storie in cui interpreto un archivista così anziano da non avere più la forza di ruotare il maniglione fino in fondo, e dunque infine, esasperato e arreso, si infila in un pertugio strettissimo pur di raggiungere un volume tanto agognato. Un'inserviente solerte e muscolosa, notando lo scaffale fuori posto, richiuderà con forza il corridoio stritolando il vecchio bibliotecario nelle morse della cultura, felice.

Con la tigna e la polemica che mia mamma mi rinfaccia da quando avevo quattro anni, caratteristica che peraltro ha sempre usato ad avallo della mia certa futura carriera d'avvocato, approfitto della pausa pranzo per interrogare la bibliotecaria. È più di un anno che stiamo cercando senza successo – sembra svanito nel nulla – il libro di un ragazzo che è stato ospite a San Patrignano, Fabio Cantelli. Si intitola *La quiete sotto la pelle*, edito da Frassinelli. Ricordo di averlo chiesto al direttore quando ci mise a disposizione tantissimo materiale sulla comunità; ne conosceva l'esistenza, l'aveva scovato catalogato, ma non ricordo se fosse sparito o in prestito da anni o disperso nel posto sbagliato. Anche questa volta, la signora della biblioteca mi dà poche speranze.

«Ma posso provare a cercarlo io?» butto là.

«Certo» risponde lei gentile.

Durante le pause della seconda parte di intervista postprandiale, rovisto famelico fra gli scaffali. Ho visto su internet la copertina, ricordo del giallo e del blu scuro, una specie di dipinto, un ragazzo con le ali. Scandaglio mensole, coste, titoli, cerco "Cantelli", cerco "pelle", cerco "quiete". Sono sicuro che non lo troverò, è un esercizio ludico che porto avanti da mesi, mi ci sono banalmente affezionato.

«Riprendiamo senza Carlo. Silenzio. Azione!»

Mi accuccio fra gli scaffali per essere sicuro di non disturbare l'inquadratura. Mentre scendo rapido, metto a fuoco con difficoltà arrivando ad appoggiare pesante il palmo della mano destra a terra per non cadere. E lì lo vedo. Mi strizza l'occhio da un ripiano basso, appoggiato comodo fra due libri, pacioso, come se mi attendesse da anni, da sempre. Mi pare quasi che fischietti canzonatorio: "Era ora! Ce l'hai fatta, infine. Io son sempre stato qua".

«Ragazzi, l'ho trovato!» gioisco con poca discrezione.

«Ssh. Cazzo, Carlo, abbiamo ripreso a girare!»

Chiedo scusa a tutti. Vado silenzioso a riprendere il mio posto di fronte a Paolo Severi. Prima della fine dell'intervista certifico sul mio taccuino il ritrovamento dell'opera di Cantelli: "Ho trovato l'introvabile sotto la pelle". È il 23 ottobre 2019.

La sera ceno con gli altri, ma non la vivo come atto finale di una giornata faticosa e viatico verso il rilassamento notturno; mi sembra più il desiderio di dilatare l'attesa, il voler procrastinare lo svelamento che confido essere contenuto nel libro di Cantelli, il godersi la vigilia abitandola ingigantita. Mangio, bevo, faccio commenti stupidi e ad alta voce, scherzo, ma getto di continuo uno sguardo al mio zainetto sotto il tavolo che contiene la promessa notturna: sei ancora lì, libro? Stavolta non mi sfuggi. Mi sto gustando l'attesa come un bambino la notte di Natale.

Ma come un bimbo, ho pochissima pazienza.

Ordino il caffè, lo bevo al banco, saluto gli altri e torno in hotel come se avessi una lunga lettera d'amore che chiede di essere letta con attenzione. Potrei fermarmi a leggere in una poltrona a bordo piscina, o all'accogliente bar dell'albergo dove il ragazzo dietro al banco mi sta chiedendo sorridente se desidero qualcosa da bere e io lo immagino che mescola birra chiara e 7UP. Ma no, non ora. Quasi fuggo dentro l'ascensore, salgo in camera furtivo, nello specchio mi sorrido perché lancio un'occhiata complice ed eccitata al mio zaino come se contenesse dei giornaletti porno mai sfogliati. I "pornografici", come li chiamavano ai tempi dentro Sanpa.

Inizio a leggere in piedi, perché ho il terrore di addormentarmi, ma presto mi accorgo che non c'è il rischio, perché Cantelli mi risveglia subito con questo schiaffo.

«A San Patrignano poi, con mia grande sorpresa, non si parlava di droga, o se ne parlava relativamente. Non perché vi fosse al riguardo qualche censura, ma perché, questo l'ho capito più tardi, la droga non era il problema. Per esempio l'enfasi – che avevo notato altrove – sulla crisi di astinenza come un momento centrale della terapia, a San Patrignano mancava del tutto. Qui la droga era ritenuta semplicemente un sintomo, un'indicazione, e lo sguardo era costantemente fissato sulle cause, su ciò che la droga, ma anche spesso il parlare di droga, nasconde.»

Questo a pagina 3.

Quanto mi piace aprire i libri e iniziare a leggerli. Qualcuno in un altro tempo e un altro spazio ha scritto quelle parole in quell'ordine, per raccontarsi, per non dimenticare, per lasciare traccia, per essere visto – putacaso – anche da morto.

È il motivo per cui ti incazzi quando leggi un libro brutto, è come trovare una bottiglia nell'oceano, con dentro un bigliettino misterioso, addirittura una supplica visibile vergata su un legnetto ingiallito, come fosse una fascetta editoriale *ante litteram*: "Ti prego, leggimi, sei la mia unica speranza"; l'emozione ti fa tremare le mani, stappi, spacchi, estrai il foglietto col testo che così tanta vita promette, lo apri con solennità, e finalmente sdraiato sul tuo divano ti abbandoni alla lettura: scemo chi legge. E null'altro.

E chi è che non si arrabbierebbe? Il libro è una promessa di bisogno e urgenza, credo.

Mi sdraio sul letto soddisfatto dall'assaggio e proseguo il mio viaggio abbuffata.

«La teoria del fine che giustifica i mezzi si dilata al punto da rendere possibile, per l'uso eccessivo del mezzo, la distruzione del fine che lo giustifica.»

«Il cardinale Tonini, all'epoca dell'ultimo processo, usò l'aggettivo più conveniente per esprimere l'attività con i tossicodipendenti: disse che è un lavoro "conturbante". Conturbante perché altera profondamente chi lo esercita, esponendolo a pressioni spaventose.»

Eccola la parola che descrive questi trenta mesi di lavoro su *SanPa*, e anche quelli successivi, fino a oggi: conturbanti, perché gli istinti che risveglia sono a fatica confessabili, così come il riaffiorare di inquietudini profonde e contrastanti.

Divoro Cantelli e vengo trapassato. È come se mi prendesse per mano dicendomi: "Ora ti spiego in cosa abbiamo creduto noi tossici, o meglio: quella parte di noi tossici con la quale non hai ancora parlato". E poi mantiene la promessa.

«Ho un ricordo profondo, delle mie astinenze, come se ognuna avesse replicato la mia esperienza di neonato uscito dal grembo materno, che incontra il mondo nell'angoscia, tra urli e pianti. Quando manca la droga ti senti aggredire dappertutto, come se i sensi si fossero improvvisamente risvegliati da un lungo sonno ma non fossero più capaci di entrare in sintonia col mondo. Allora ti agiti, cerchi in ogni maniera di disinnescare quest'allarme, questo prolungato stato di allerta, ma ogni tuo sforzo non fa che peggiorare la situazione... Durante un'astinenza non puoi sopportare odori, sapori, non c'è luce che i tuoi occhi possano assorbire, non c'è temperatura che non provochi l'immediata reazione del tuo corpo, che non ti sembri troppo calda o troppo fredda e questo un istante dopo che ti era apparsa l'esatto contrario.»

Incredulo prendo appunti famelici, tantissimi appunti, perché non posso sottolineare questo libro che appartiene alla Biblioteca di Coriano e andrà restituito. Mentre passano le ore mi accorgo che dall'iniziale forma stenografica le mie note iniziano a prendere quella interrogativa; ovvero da "è stato rinchiuso quindici giorni" a "cosa significa essere rinchiusi per quindici giorni senza poter parlare con nessuno, o ascoltare musica, o leggere alcunché? Cosa passa per la testa?". Lo sto già interrogando, sto sperando di intervistarlo. Lo stesso che mi accadde durante la lettura di Virzì. La differenza è che questa volta so che l'autore è vivo, mi sono premurato di informarmi ancor prima di leggere il primo rigo. Fabio Cantelli è vivo e abita a Torino.

Rimanendo sulle pagine cerco quasi di infilarmi nel libro. Sfoco le parole di Cantelli nella speranza che mi faccia entrare, che mi porti con lui il più vicino possibile, che mi sveli qualcosa che non so, che mi mostri almeno il dicibile.

Sdraiato sul letto con gli occhi spalancati per più di metà libro, cado infine addormentato con Cantelli sul petto.

19

Libri custodi

«Voi non sapete cosa ho letto stanotte. Non sapete cosa dovete leggere tutti. Dobbiamo aggiungere un intervistato, è importante.»

Inizio così la mattina, carico a pallettoni già mentre mi vesto per scendere in orario e provo a mente la mia battuta d'ingresso. Adoro i buffet alberghieri delle colazioni mattutine, ma spizzicare liberamente cibo imbandito con una causa da perorare coi miei commensali credo sia uno dei miei sport preferiti. Se non da nazionale, sono di sicuro un campioncino regionale di Boxing Buffet.

«Fabio Cantelli deve essere intervistato, per il modo in cui pensa e alcune cose che dice.»

«Sarà anche bravo questo signore, Carlo, ma dove lo piazziamo? Quando?»

«Lo aggiungiamo prima della partenza di venerdì. O quando preferite. Tra l'altro gli va anche chiesto quando può lui.»

«Appunto!»

«Se mi trovate il numero lo chiamo io. Andrebbe intervistato per due giorni di fila, ma iniziamo a portarci a casa tre ore o quelle che abbiamo, quelle che ci concede, quelle che riuscite a organizzare. Se ci dice anche solo il quindici per cento di ciò che scrive nel libro...»

Alla fine sarà risolutivo Gianluca, che comprende dalla mia eccitazione che l'urgenza è reale, e si fa bastare questa informazione, sulla fiducia, come fosse un bonus: «Chiamalo, Carlo».

Anche oggi il set è alla biblioteca. Durante una pausa esco e mi sposto nel parcheggio, a pochi passi dal monumento a Simoncelli col bruciatore e il 58 scritto sulla pista, compongo il numero ma riattacco subito, spaventato, prima che qualcuno possa rispondere. Mi ripasso la chiamata mentalmente per l'ennesima volta. Non amo telefonare, mi sembra sempre di non riuscire a farmi capire. Ho spesso l'impulso di attaccare all'improvviso nel mezzo della conversazione, per rimandare tutto a una telefonata o un incontro dal vivo successivi. Lo farei se non avessi imparato a mie spese che è un metodo che non aiuta i rapporti interpersonali.

«Ciao, Fabio, scusa.» No.

«Buongiorno, parlo con Fabio Cantelli?» No.

«Buongiorno, mi scusi il disturbo, siamo un gruppo che sta facendo un documentario su San Patrignano.» Però se parlo col signor Cantelli o meno dovrò pur chiederglielo, no? E anche piuttosto subito. Io la sua voce non la conosco.

«Buongiorno. Cantelli, giusto? Stiamo facendo una docuserie per Netflix...» Eh no, Netflix non lo posso proprio dire, ho firmato un accordo di riservatezza che se infrango credo abbiano il diritto di mangiarsi la mia lingua su un crostino con della salsa verde e anche riprendere il tutto per mandarlo in onda a episodi titolandolo, alla Canetti, *La lingua tagliata*, o con qualsiasi altro titolo anche di futura invenzione.

«Buongiorno, sono Carlo Gabardini, lei è stato a San Patrignano dal 1983?» Uffa, così sembro un carabiniere, la Digos o un sondaggista dell'Istat.

«Buongiorno, ho avuto il suo numero da un ex tossico...» Anche no.

Come risolvo spesso, mentre mi agito lascio che la mano destra faccia partire la telefonata all'insaputa del resto del corpo. Equivale al regista che ti butta sul palco urlandoti: «Sei pronto, facce ride!».

«Pronto?» esce dal telefonino.

Sarà Fabio? Non sarà lui?

«Sì» dico io, come se avesse chiamato lui. «Non ci conosciamo, io ho letto *La quiete sotto la pelle*, stiamo facendo un documentario sulla comunità di San Patrignano, volevo chiederle se lei...»

«Diamoci pure del tu.»

La chiamata si trasforma in una chiacchierata appassionata e incalzante su quelli che sono stati i suoi dodici anni a Sanpa, sulle domande che per me restano ancora spalancate, sui molti perché, sulle chiusure, sul senso pubblico del ciocco, sulla visione, sulla personalità di Muccioli. Mi sorprende, ma è come se avessimo interrotto questa stessa telefonata nel 1995 e ora la stessimo proseguendo, quasi innervositi da una lunga pausa di silenzio.

Sono molto contento perché, è inutile nasconderlo, la chiamata è anche per capire se Fabio è in grado di sostenere una lunga intervista: l'aver scritto cose magnifiche venticinque anni fa dice ovviamente molto poco sulla sua attuale situazione. Le cose cambiano, scrivere e parlare in video non sono la stessa capacità, il bisogno di comunicare la propria verità potrebbe addirittura essere svanito, potrebbe pure non condividersi più affatto o non volerne più sapere.

«Intanto ti confesso che è bellissimo parlare con l'autore che mi ha tenuto compagnia a letto tutta notte. E non è una battuta gay, la mia. Anche se in effetti sono omosessuale.» Lo sento ridere. «Credo che noi abbiamo bisogno di raccontare anche il tuo punto di vista, perché è un pezzo importante, è un altro cuore, e non sei da solo. Credo sia fondamentale far capire che fermarsi alla domanda sulla legalità o meno dei metodi sia riduttivo. La questione è molto più vicina alla ricerca di senso. Cosa siamo su questa Terra a fare? Perché? Come scegliere la propria strada?»

Già al telefono Fabio mi dà alcune risposte sbocconcellate che mi sembrano perfette, il desiderio di incontrarlo dal vivo aumenta parola dopo parola.

«Fabio, sarebbe davvero indispensabile che venissi qui.»

«Va bene, ho capito. Dove? E quando, soprattutto?»

«O domani o dopodomani. A Rimini. Come sei più comodo tu.»

«Come, dopodomani a Rimini?! Avrei anche un lavoro, Carlo!»

«Lo so che ti sto chiedendo uno sforzo e mi sento una cacca, ma non abbiamo altri giorni a disposizione.»

«Con così poco preavviso mi sembra difficile.»

«Hai ragione. È colpa mia che ho trovato il libro tardi.

Però, diamine, adesso che ho letto le tue parole, come faccio a pensare di non averle? Sono centrali.»

«Dopodomani mi sembra davvero impossibile.»

«Sai che io sarei felice anche solo di aver registrato questa telefonata? Ma non so come si fa. Poi mi sembrava poco elegante alle nostre prime parole a distanza presentarmi già col registratore su REC.» Mento, perché è ciò che feci al primo incontro con Paolo Severi; oppure la pratica mi sta già migliorando? «Senti, l'unica cosa che mi viene in mente se proprio non ce la fai è di tenerti presente nel caso riaprissimo le interviste a metà montaggio, fra sei mesi. Non ho alcuna certezza, parlo con la produzione e capisco.»

«No. Fermo. Vengo dopodomani. A costo di fare i salti mortali.»

Come era già capitato con Paolo, anche lui all'improvviso è deciso, sa di non voler perdere questa occasione e sa bene come vanno queste cose: vanno colte al volo, non passano più volte. Mi sento un po' in colpa per averlo incalzato con poca pietà, ma felice che abbia deciso di esserci.

«Dopodomani sarò a Rimini.»

Ne sono davvero felice. Glielo dico.

«Ma cosa mi chiedi nell'intervista?»

«Tutto.» Sento che la parola "intervista" un po' lo agita. «Ma guarda, più che un'intervista è una chiacchierata, dici quello che vuoi, con i tuoi tempi; io ti sono davanti e, se ti fermi, ti faccio delle domande o ti ricordo una cosa che mi hai detto o hai scritto.»

«D'accordo» risponde non affatto d'accordo.

«Comunque, Fabio, tranquillo, perché dici delle cose

stupende; non serve altro. Nel libro le dici anche con le parole giuste. Già ciò che mi hai detto adesso al telefono, con le parole esatte che hai usato tu un attimo fa, a me va strabene. Rileggilo, il libro, ché per la chiacchiera partiamo da lì.»

«Va bene. A dopodomani. Grazie, Carlo.»

«No, grazie a te, Fabio.»

20

Le domande due stanze sotto

«Dove la facciamo l'intervista a Cantelli?»

«Quali location abbiamo?»

«Nessuna. Non era previsto.»

«Ah. Già.»

La produzione, per temporeggiare, propone timida una stanza d'albergo, credo nella speranza che qualcuno abbocchi.

Eccomi qui: «Nel suo libro ci sono diversi momenti in cui prende una stanza nelle pensioncine vicino alla Stazione Centrale e chiuso dentro passa dei giorni a drogarsi. Fabio da solo nella sua camera d'albergo che ripensa al passato potrebbe quasi essere un'immagine bellissima», e mentre lo dico vedo molti felici di cavarsela con una soluzione così semplice. La gioia o serenità del gruppo è un elemento che non va sottovalutato, a maggior ragione a set aperto, quando si vive a strettissimo contatto, per giorni, si mangia assieme, si esprime anche una sorta di umore comune.

Io sono molto soddisfatto che si sia riusciti a incastrare

ogni cosa, tanto da non accorgermi che quel "dopodomani" della telefonata è nel frattempo diventato oggi, ecco perché la sera, mentre bevo una birra al bar dell'albergo, accolgo come una visione onirica l'entrata nella hall di Fabio Cantelli.

«Cazzo, quello è Cantelli!» dico indicandolo sorpreso – e non dovrei esserlo perché so del suo arrivo – e parecchio sicuro – e anche questo non dovrei esserlo, perché io Cantelli in realtà non l'ho mai visto, nemmeno in foto. Eppure lo so: quell'uomo alto, magrissimo, coi capelli grigio chiaro e lunghi, col vestito scuro e una postura fieramente eretta nonostante le molte vene a vista sul collo e sulle mani, e un'espressione di furbo disappunto divertito in volto, è lui, non può essere nessun altro se non lui.

Gli vado incontro e una volta vicini ci riconosciamo subito, ognuno pronunciando il nome dell'altro in forma interrogativa solo per sicurezza e un po' per cortesia.

«Fabio?»

«Carlo?»

Sappiamo entrambi che è così, infatti mentre ci diciamo «sì» in sincrono, stiamo già stringendoci la mano sorridenti. Lo guardo. Sono commosso. Poi lo abbraccio perché ne sento il bisogno. Lo agguanto, lo porto a me e lo stringo al petto, ma ho come la sensazione che le mie braccia non incontrino nessuna resistenza. E mi pare che ciò duri troppo a lungo mentre continuo a stringere. La magrezza di Fabio, che è ben visibile a distanza, al tatto sembra corpo di vetro, incrinarsi il suo destino. L'allarme cresce quando mentre stringo mi pare di sentire lo scricchiolio degli oggetti fragili. Spaventato, allento la presa e vedo la sua gioiosa espressione di stupore nel faticoso tentativo di dissimulare il dolore da stritolamento.

«Che abbraccio, Carlo» gli sento dire come se implorasse una radiografia.

«Scusa. Se ti ho rotto delle ossa, ovviamente paghiamo noi.»

Lui ride.

«L'importante è che le fratture non si vedano in video» sdrammatizzo con cinismo.

Non gli parlo molto, la prima notte. Una buona parte della troupe è qui al bar dell'albergo e li vedo curiosi di questo nuovo testimone, perché va detto che quasi tutti sul set seguiamo la vicenda con passione, come un giallo, come una verità raccontata da più punti di vista, per dirla col cinema: come un *Rashomon* di Kurosawa, ogni giorno un episodio sorprendente. C'è molta curiosità anche da parte di chi te lo aspetteresti di meno, da chi ricopre ruoli in apparenza più tecnici. Li ho spesso lasciati la notte in discussioni vivaci sugli anni Ottanta, la droga e le comunità; più di una volta l'ho fatto per andare in camera a segnarmi sul taccuino un punto di vista poco esplorato da noi e invece ben espresso in spagnolo da qualcuno della squadra di Diego o in inglese da una ragazza della produzione. Il desiderio di scoprire è una sorta di forza misteriosa che sul set si sente parecchio, almeno da metà lavorazione in poi. Oltre all'umore forse esprimiamo anche una volontà di gruppo.

Quella prima notte Cantelli lo lascio in consegna a loro e mi ritiro presto perché prima dell'intervista di domani ho da finire di leggere la seconda metà del libro.

In ascensore, davanti al solito specchio, mi trovo a

chiedermi: ma dirà cose importanti? Non avrò esagerato come mio solito? Ho alzato troppo l'aspettativa? E se domani crolla davanti alla telecamera? E se fosse solo un mio abbaglio notturno figlio di un trip digestivo e dell'amore per la scrittura?

Un po' ci pensa la seconda parte della quiete sotto la pelle a tranquillizzarmi, un po' – credo – è il bello di questo lavoro. Tocca collaborare con l'incertezza, è un esercizio continuo.

Diego Romero, il direttore della fotografia, sceglie come set la propria stanza d'albergo; alla produzione non pare vero che sia una location già prenotata: è la loro giornata fortunata. Una volta piazzate le luci e le due telecamere sui cavalletti, e poi gli operatori, e poi ancora le sedie per la regia e gli autori: è presto evidente che la stanza è troppo piccola. L'unica soluzione è mettere una sola seduta piccolina di fronte all'intervistato, tutti gli altri assisteranno schiacciati alla parete laterale per stare fuori dall'inquadratura.

«Carlo, l'intervista la fai tu. Abbiamo centocinquanta minuti e sei l'unico che ha letto il libro.»

«Certo» rispondo, più determinato di quello che in realtà non sia. Avere più voci a far domande ha una sua saggezza, e aiuta anche a evitare che l'intervista diventi una questione pericolosamente personale.

Vado a sedermi nella mia postazione, così da trovare una postura in cui la mia spalla o altra parte del corpo non sporchi l'immagine entrando nel campo dell'obiettivo, ma non mi impedisca allo stesso tempo di leggere i miei appunti e dare il giusto sguardo al testimone.

Quasi pronti. Stiamo microfonando Cantelli.

L'uomo che ha scritto: «Per un tossicodipendente entrare a San Patrignano era un po' come per uno studente entrare ad Harvard o alla Sorbona. La comunità, da grembo materno che influisce traumaticamente e sottilmente sulla psiche, provocando transfert prodigiosi e smontando resistenze, è adesso luogo pubblico che "offre un servizio" senza sconvolgere più così radicalmente l'identità del drogato». È anche colui che mi ha svelato: «A San Patrignano osservavo stupito che gli altri, semplicemente e faticosamente, vivevano. Ovvero: facevano vita sociale, svolgevano un lavoro, badavano alle proprie responsabilità, si svagavano nel tempo libero e affrontavano di volta in volta l'imprevedibile repertorio di situazioni che la vita gli riservava. Sul fatto che eri stato un tossico, che ti eri sparato in vena chili d'eroina, che avevi rubato, rapinato, scippato, che ti eri prostituito, che avevi fatto anni di galera e il tuo corpo era ricoperto dai tatuaggi o le tue braccia dai segni di una lametta, che avevi vissuto in Estremo Oriente o in Sudamerica per farti come un disperato, che eri stato casualmente salvato da mille collassi, nessuno poneva particolare attenzione: quella tua identità passava quasi inosservata. Tutti però sembravano interessati a te come persona che aveva fatto tutto questo perché aveva avuto paura di vivere, perché la sua vita, ora fuga dal nulla, ora rincorsa del nulla, a un certo punto, stremata e incapace di reagire, nel nulla s'era accasciata».

Cantelli si siede sul letto davanti a me, quasi chiedendo permesso.

Assieme a Diego che gli dà indicazioni prima di macro e poi di microassestamenti – «por favor mettiti a sinistra»;

«ancora un po' più avanti»; «no, avanti verso di me»; «poquito mas alla derecha»; «okay; perfecto»; «Carlo, yo soy pronto» – Cantelli trova la sua posizione esatta. Appare un po' statica e poco naturale, sulle prime. Dovrò dargli tempo e modo di abitarla.

C'è sempre il momento in cui l'intervistato si rende conto della pluralità delle telecamere, vaga con lo sguardo in cerca del tuo assenso, finché non ci si ritrova occhi negli occhi, entrambi come a dire: "Non spaventarti, sono io"; infine a confermarsi che sì, la posizione dello sguardo è quella, e dovrà esserlo per più tempo possibile.

«Fabio, guarda me, non in camera, anche se dovessero arrivare domande da altre parti, tu guarda sempre me, rispondi sempre a me, io sono lo spettatore, sono il tuo interlocutore, qualunque cosa succeda. Se hai qualcosa da dire a qualcuno, quel qualcuno sono io.»

Cantelli mi guarda per rispondermi che ha capito e mi sembra azzardi anche un muto implicito: "Sono pronto, fidati".

L'altra questione da ricordare a chi risponde è che deve sempre ripetere la domanda. Nella docuserie non vogliamo sentire le nostre voci né cosa chiediamo, né intendiamo farlo ripetere da una voce fuori campo ufficiale o usare altri espedienti grafici, per questo serve che l'intervistato includa la domanda nella propria risposta. Sembra sempre facile, tutti ti dicono «certo», poi invece spesso ci si dimentica. Se sbagliano stoppiamo subito, perché è terribile aver registrato del materiale che sai magari buono, ma anche di non poter usare.

Il caso tipico, ma di nessuno nello specifico, men che meno di Cantelli, funziona così:

«Ci dici quando sei entrato a San Patrignano?».

«Sì. Nel 1984.»

«Devi ripetere la domanda.»

«Sì. Sono entrato nel 1984.»

«Dove?»

«Nella comunità Incontro.»

«No, scusa. Devi dire tutto insieme. Il concetto filato, altrimenti ci tocca rifare.»

«Ah, scusate, pensavo di iniziare dal 1984 e poi dopo...»

«Va benissimo, non c'è nessun problema su quello che dici. Puoi dire quel che vuoi, ma ripeti la domanda o facci capire bene. Dicci dove e quando sei entrato, fino ad arrivare al tuo ingresso a San Patrignano. Con tutta calma.»

«Io nel 1984 ero nella comunità Incontro di don Gelmini. Solo l'anno successivo, a febbraio, nel 1985, entro a San Patrignano.»

Dopo poco ci si abitua, e comunque, siamo qui apposta per farlo notare e rigirare; è testo, è roba nostra.

Confesso di amare molto l'ascolto attento all'inizio di ogni risposta, nel tentativo di non farsi ingannare né prendere dalla fretta; perché la lingua è multiforme, ha risorse inaspettate che si nascondono tra le pieghe della costruzione lessicale. Sa salvarsi appena prima del precipizio.

«Sì. Nel 1985, a San Patrignano, a febbraio, io sono entrato. Ma non era la mia prima volta: la comunità Incontro, nel 1984, fu l'inizio mio.»

Perfetta. Per fortuna che tante volte nessuno ha detto «stop».

Durante il posizionamento delle luci e delle telecamere, io e Cantelli ci siamo parlati sul pianerottolo davanti alla stanza. Gli ho detto che a me interessa che lui racconti la sua storia, come nel libro e con le aggiunte che vuole. Che dica le cose che reputa fondamentali, i pensieri di ieri e di oggi, anche un po' a prescindere dalle mie domande, come se questa fosse l'occasione per dire tutto. Infine: «Non abbiamo molte ore, Fabio, credo siano due, di certo non più di tre. Però stai tranquillo che al massimo recuperiamo un altro giorno. Certo, fra te e me, lo sappiamo bene: quello che riesci a dire oggi siamo sicuri che ci sarà; è così».

Cantelli è ora microfonato e in posizione. Viene pettinato un'ultima volta. Io mi godo questa scena cercando concentrazione e quello che intanto non dico è: eccoci qui, Fabio. Ciao. È bello vederti. Quanto sei magro. Come fai a essere ancora vivo? Ogni tanto penso che tu sia già morto e che ci faccia la grazia di spiegarci ancora due cose; ma non so se questo è un pensiero antipatico da renderti noto. Finalmente sei qua, in carne e ossa, moltissime ossa, direi, la carne si è un po' consumata per strada. Che poi dico *finalmente* come se ci conoscessimo da trent'anni, ma in realtà saranno passate sessanta ore da quando ti ho ascoltato la prima volta, per iscritto per giunta. Ti aspettavi poi un giorno di tornare qua a Rimini e in una camera d'albergo raccontare tutta la tua rabbiosa quiete sotto e sopra e intorno alla tua pelle, Fabio? Vorrei farti ridere e star bene. Vorrei abbracciarti. Quando l'ho fatto ieri ho avuto paura che ti sgretolassi fra le mie mani come un libro antico che, per colpa di un bibliotecario distratto, torna a contatto con l'aria dopo millenni e si trasforma in un mucchietto di polvere dissolvendo così per sempre una memoria irrecuperabile. Eccoti qui,

Fabio, quarant'anni dopo i fatti. Dev'essere stato duro, il viaggio. Non parlo del Torino-Rimini di ieri, anche se ovviamente lo includo. Parlo del viaggio tutto, dall'inizio – lo decidi tu quale sia, il vero inizio – a ora, passando per Sanpa, per Vincenzo Muccioli, per il primo buco quando all'improvviso la fanciulla che tanto agognavi ti diviene indifferente nonostante giaccia nuda fra le tue braccia, passando per la cocaina in vena e i suoi abissi che mi hai detto terrificanti, per la tua sieropositività scoperta anni dopo che lo scoprì Vincenzo e decise di non dirtelo, per la tua dipartita dalla comunità il giorno prima che morisse il suo fondatore, passando, in realtà, per tutto ciò che tu vorrai.

Cantelli prova il microfono, ma io non sento lui, sento la mia testa che prosegue.

«Uno, due, tre; prova. Prova! Si sente?»

Questa magrezza così sfacciata gli dona il fisico del sopravvissuto. Ho ancora un po' di tempo per fissarlo – giustificato e protetto dal mio ruolo – e non me lo faccio pensare due volte.

Ti guardo e capisco perché sono felice e assieme agitato, Fabio. Forse l'ho intuito già l'altro giorno, immerso nelle tue parole scritte, ma ora diviene lampante: ti ho sentito simile in un momento in cui la storia mi sembrava si stesse allontanando dal mio vissuto, mi hai richiamato all'ordine, ho amato ascoltarti, ho molto da chiederti. Dev'esserci stato un tempo in cui ho pensato: Muccioli era un imbonitore di menti semplici, di disperati, di uomini e donne resi deboli e influenzabili da un comune passato tossico, ragazze e ragazzi senza più nulla da perdere.

Ma non è vero. Perché tu Fabio non sei così. Hai gli strumenti, hai studiato, hai una preparazione; non mi sei affatto dissimile. Eppure sei a lungo rimasto fedele – e forse lo sei ancora – a ciò che Muccioli ha rappresentato, almeno per te; anche molto tempo dopo la tua definitiva disintossicazione.

Tu, Fabio, frantumi quel primo mattoncino nel mio muro delle difese. Ciò che prima presuntuosamente era: "A me Muccioli non me l'avrebbe raccontata, io non ci sarei cascato", è diventato: "Saresti con ogni probabilità divenuto un suo discepolo, Carlo, ecco perché ti inquieta e attrae".

E allora mi chiedo qual era il potere di Vincenzo Muccioli.

Il sentirmi simile a te mi è dato da tanto altro: stavi a Milano come me che ci sono nato, bazzicavi via Vitruvio in zona Stazione Centrale mentre c'ero anch'io quattordicenne col mio zaino perché lì andavo a ripetizioni di tedesco nel 1988, ho recentemente persino scoperto che abbiamo alcuni vecchi amici in comune. È stato automatico, prima leggendoti e poi conoscendoti dal vivo a un metro e mezzo da me, pensare come condizione preliminare a tutto ciò che sarebbe seguito, che tu potrei essere io. Se fossi finito a San Patrignano da tossico, avrei probabilmente reagito più alla tua di maniera, piuttosto che a quella di altri che abbiamo intervistato in queste settimane di riprese. Se è potuto succedere a te, sarebbe potuto succedere tranquillamente a me.

Ho una sorella del 1969 e una del 1976, ho un fratello nato nel 1972 e un altro nel 1976, gemello di mia sorella minore; non mi è difficile aggiungerti in testa, in cima alla lista, come il più grande, che a un certo punto se ne è andato, doveva curarsi, aveva fatto certe brutte cose di cui era meglio non parlare. Il mio fratello del 1962. Fabio.

Cantelli ha un foulard attorno al collo che per questioni di fruscio dà fastidio al fonico che con assenza di tatto ordina al suo assistente microfonista di farlo sparire prima di iniziare.

Io sarei stato un Cantelli e a me la "chiusura" avrebbe probabilmente fatto bene. Non stiamo parlando di eroina, stiamo parlando di noi e del bisogno di trovare il nostro posto nel mondo. Certo che sarei potuto finirci anch'io a San Patrignano. Ho dodici anni meno di Fabio, ma non è che in comunità mancasse qualcuno del 1974. Dall'eroina mi ha tenuto lontano lo spauracchio degli adulti che all'unanimità hanno spiegato o imposto, urlandomi fin da piccolo, che proprio non avesse senso: tutto, ma non l'eroina. Forse li ho presi un po' troppo alla lettera.

Cantelli è pronto, vuole iniziare, ora sembra infastidito da ciò che è esteriorità. Lui vuole parlare, non gli frega come verrà la fotografia, se le luci sono giuste, se il suo collo vissuto si vedrà o meno, sembra dire. Pare voler difendere il contenuto sottolineando l'irrilevanza del contenitore, ovvero il suo fragile corpo vestito. Mi lancia uno sguardo che dice: "Okay, Carlo, sono qui, adesso sono arrivato per intero, adesso sono pronto a svuotarmi. Adesso".

E io vorrei fargli solo un gesto a dire vai, comincia semplicemente a parlare, di' quello che vuoi, ciò che preme ora; non mi aspettare, non farti interrompere, né imbeccare, inizia tu. Ma non abbiamo questo tipo di accordo e dunque faccio la prima domanda, che Fabio, pronto, include nella sua risposta: «Prima di entrare a San Patrignano ero un tossico. La mia formazione è stata quella del tossico».

Farò poche domande durante l'intervista, spesso su un punto preciso del libro, un concetto, un momento, una scena.

«Ci sono regioni della vita dove Vita e Morte sono così strettamente a contatto e quasi intrecciate l'una all'altra che concetti come libertà, volontà, male, bene vanno rivisti. Bisogna avere il coraggio di non usarli come assoluti» dice Cantelli a un certo punto. «Quello che io sono lo sono anche grazie a Vincenzo e a San Patrignano, anche se mi tocca riconoscere che dovrei dire anche *nonostante* Vincenzo e *nonostante* San Patrignano» dice più avanti.

Le sue parole mi sciolgono un groppo nello stomaco che prima forse nemmeno sapevo di avere. Non accade spesso, ma accade: senti che ti stai portando a casa qualcosa di importante non solo per te, e lo senti nell'istante esatto in cui avviene e viene fissato per sempre. Il teatro e il cinema assieme, per un solo piccolo momento. Non può lasciare indifferenti. A volte vale da solo il prezzo della fatica, ti libera da ogni domanda sul senso e sul fare o meno una certa scelta; purtroppo, per forza di cose, questa consapevolezza arriva sempre a decisione presa e lavoro accettato, e serve a poco. Si può giusto farne tesoro per prendere decisioni future.

«Per il tossicodipendente la droga è la vita, è la fonte da cui attingere energia e ovviamente anche il piacere di essere. Il suicidio, semmai, per il tossicodipendente è la crisi d'astinenza; ed è la cosa che ci spaventava più di ogni altra cosa. La ribellione della mente e del corpo quando la mente e il corpo si trovavano privati del loro nutrimento: la droga. Quindi direi che no, non c'era un lato masochistico in questo senso. È chiaro che dire che per il tossicodipendente la droga è la vita, è la sorgente di vita, complica enormemente le cose, perché vuol dire che non basta appunto disintossicarlo, portarlo a condizioni per cui il suo corpo non ha più bisogno, non si agita più per mancanza di droga. Vuol dire costruire un mondo alternativo alla droga che lo interessi, che lo coinvolga, che lo appassioni, non dico quanto la droga – perché all'inizio non può essere – però che piano piano gli faccia scoprire una dimensione dell'esistere diversa da quello che ha perseguito attraverso la droga. Questo spiega perché è così difficile e così lungo uscire dalla droga. Ci vogliono anni, ci vogliono pratiche, bisogna capire quello che si è e anche cosa ti piace fare, trovare la passione – non so – in un mestiere, nello studio, nella ricerca, nell'arte, qualsiasi cosa che ti dia però una pienezza di vita come te la dava la droga» dice Cantelli per esteso, esattamente tutto di fila così, con queste precise parole, è una sbobinatura dalla versione integrale.

"In un unico piano sequenza" si direbbe se fosse cinema o fiction; ma se fosse recitazione, con un'interpretazione così, sul set avreste sentito serpeggiare anche le parole Oscar, Coppa Volpi, Nastro d'Argento.

Invece è semplicemente realtà.

Solo ora mi rendo conto che la location che abbiamo scelto è la stanza dove ho letto Cantelli la prima volta. Nel senso che la mia camera è due piani sopra, ed è identica. È ovviamente una pura casualità senza grosso valore. Ma questo gioco di specchi fra stanze identiche mi fa pensare alla visione della psiche a più strati di cui parla Jung. Non sono un esperto, so solo che c'è un luogo in cui vado sempre accompagnato dal mio psicoterapeuta, a occhi chiusi, mentre abbandono il corpo nel morbido della sua poltrona. Dietro il buio delle mie palpebre chiuse, dopo una pausa che non saprei quantificare, la sua voce si posa come polvere bianca d'estintore su microchip infuocati, spegnendo fiammelle: «Fai conto che la tua coscienza, quello che sai, la tua testa, sia una stanza. Tu ora sei lì. Sotto questa stanza – che è il conscio – collegata tramite una botola c'è una stanzetta, che è l'inconscio, il tuo inconscio personale. Da qui, sempre tramite una botola, si scende in un'altra stanzina, ancora più piccola, che è l'inconscio collettivo. Scendiamo in questa stanza e arriviamo fino alla stanzina. Stiamo lì. Ora siamo lì».

Mi è impossibile non pensare che la mia stanza qui in albergo ha l'affaccio su un terrazzo, è dunque sulla carta più grande di questa in cui stiamo adesso realizzando l'intervista. Poi scendendo – dalle scale, perché questo hotel non ha botole, né psichiche, né in calcestruzzo – le stanze si rimpiccioliscono un poco. E infine eccoci qui, due stanze sotto, nella terza stanzetta, quella del nostro direttore della fotografia, ma soprattutto quella che Jung ha assegnato all'inconscio collettivo. E chi c'è nell'inconscio collettivo? Fabio Cantelli.

Non so se esserne contento. Devo parlarne col mio terapeuta.

Durante una pausa con un caffè in mano, mentre vengono cambiate le schede delle telecamere, sul solito pianerottolo ringrazio Fabio di aver riletto il suo libro. «Oppure hai solo una memoria prodigiosa?» scherzo.

«Guarda, Carlo, non ne avevo in casa nemmeno una copia. Il giorno dopo che m'hai chiamato, per fortuna ne ho rimediata una da un amico. Ho letto tutta notte. È stato sconvolgente. Prima di spegnere la luce sai a cosa ho pensato?»

«No» chiedo curioso.

«Non cambierei una virgola.»

«Wow.»

Non mi sembra affatto male, venticinque anni dopo. Io spesso disconosco ciò che ho scritto la sera prima.

«Io ho cominciato subito dall'eroina, non dalle droghe leggere» dice una volta che riprendiamo a girare. Poi riguardo alla cocaina iniettata è categorico nella sua limpidezza: «Dell'eroina diventi dipendente, la cocaina ti possiede».

Vorrei fargli molte domande sulla cocaina, soprattutto questa – in vena –, ma capisco che è più un interesse mio che non utile al lavoro. Conosco quella sostanza inalata, ma dal terrore che riconosco negli occhi di Fabio comprendo che sta parlando di mostri molto più grandi e a me sconosciuti.

Eppure, caro Fabio, quando parli degli abissi della cocaina, non posso non sentirmi chiamato in causa in prima persona, curioso come un fratello minore delle scoperte del maggiore, rispettoso delle distanze come un dilettante nei confronti del professionista di serie A, lo stesso gioco – più o meno – ma tutt'altra questione. Non vai da Maradona a dire: "Sa, anch'io gioco a calcio. Non come lei, ma me la cavo". Infatti non chiacchiero con Cantelli delle mie dipendenze, ascolto e cerco di visualizzare le parole del superstite, di colui che ci è passato. Fabio mi scagiona quasi subito: la cocaina in vena non c'entra niente con quella inalata. Il mio sporco naso è salvo. O almeno così credo per un po', fino a quando riapprendo che: «La droga è un sintomo di un malessere. Allora, a prescindere dalla medicina che uno si sceglie, è forse della malattia che è ora importante parlare».

Qual è questo malessere che affliggerebbe tutti? Non è forse questo uno dei cuori della vicenda, più che i reali risultati dei metodi pionieristici e sperimentali dei primi anni Ottanta? I metodi senz'ombra di dubbio sono cambiati, la conoscenza li ha resi obsoleti, superati, anche sbagliati. Ma il malessere? Il malessere non è ancora lì intatto, se non addirittura rafforzato nelle nuove generazioni? E chi ha smesso è salvo?

«Io pensavo di essere diverso dagli altri tossici, io non sono uno di quei tossici; entrare in comunità significava dire: sono come tutti gli altri, sono un malato che deve essere aiutato.»

Anch'io, Fabio, pensavo di essere diverso dagli altri tossici, di non essere un tossico proprio; per tre anni mi son detto che l'avrei saputa gestire e ne ero così sicuro che mi faceva ridere pensare a me in preda alla brama e alla necessità di sostanza; cosa c'entra la cocaina su per il naso con l'eroina in vena, dài?! Quella ti uccide, la coca per tirarsi su la usano anche i manager, gli attori, gli stilisti, i tranvieri, infatti a Milano la trovi ovunque; smetto quando voglio, è solo che non voglio; sono io a scegliere; mi diverte, mi aiuta, mi dà il coraggio di fare quel che voglio fino in fondo; ma solo ogni tanto, la sera, quando serve, e se non c'è, pazienza. Cazzate, una marea di cazzate alle quali volevo credere. Volevo. Perché sapevo. Tutto. Il male. Il traffico. La dipendenza. Il pericolo. L'illegalità.

«In genere non si rende affatto conto che sta scivolando nell'abitudine agli stupefacenti; dice che si può benissimo fare a meno di assuefarsi alla droga; basta essere prudenti e osservare alcune regole, come ad esempio quella di praticarsi la puntura a giorni alterni. In realtà, egli non osserva tali regole, ma ogni iniezione in più viene considerata un'eccezione» scrive William Burroughs, e sappiamo tutti quanto abbia ragione perché vale lo stesso per tante altre cose. Dal lavorare nel weekend, ai cioccolatini, ai sonniferi, alle slot.

Ecco, a droghe dissimili valgono giustificazioni quasi identiche, menzogne consolatorie. Alla stessa maniera ti ritrovi invece a pensare solo alla sostanza, a come procurartela, a non rimanerne mai senza. È lei a gestirti. Ti fa godere anche il semplice fatto che sia stata lei a trasformarti in una macchina di efficienza, anche se a suo esclusivo uso e consumo.

«Le droghe ti danno l'illusione che tu non hai bisogno degli altri; ti basti a te stesso. La Comunità sancisce la falsità che tu non hai bisogno degli altri.» Condivido Cantelli, perché così bene e stringato non avrei saputo scriverlo. Come si fa a non sentirsi inclusi in quella Comunità scritta in maiuscolo? Che si sia stati o meno a San Patrignano, che ci si sia mai drogati di qualcosa o meno, quella Comunità siamo noi. A nostra volta chiamati a ricordare a tutti, noi stessi inclusi, la falsità che qualcuno possa bastare a sé stesso.

Nessun uomo è un'isola.

Per fortuna esistono sintesi poetiche che infatti ci tramandiamo di generazione in generazione. Di scrittore in scrittore.

«Vincenzo era un uomo pieno di demoni. Si è occupato dell'anima altrui per non occuparsi della propria» sento dire a Fabio verso la fine.

Penso a Marco, mi dico che dovrei raccontarlo, prima o poi. Nascondere le storie, fingere che non siano avvenute, volerle dimenticare per forza non aiuta a comprenderle né a continuare a vivere. Non lo insegna solo San Patrignano.

Anche quando Cantelli si interrompe io non dico niente. Lo guardo. Facendogli capire che va tutto bene. "Di' ciò che vuoi, il momento è questo, io sono con te, ti ascolto, fai tu."

E continuo a porre rare domande. Voglio scomparire, essere fumo che nasconde anche le telecamere, voglio lasciarlo da solo ma non abbandonato, voglio farlo arrivare a parlare a sé stesso protetto da una rete di ascolto. Lo guardo come a dirgli che può andare fino in fondo, se ti vedo in pericolo vengo a prenderti io.

Anche sulla chiusura, che è grazie a Cantelli e Virzì che ho compreso per la prima volta come potenzialmente dirompente in alcuni casi, fino ad arrivare a chiedermi se non fosse proprio all'interno di questa costrizione estrema che si potesse scovare qualcosa di indescrivibile, fino addirittura a portarmi a pensare che fossi io così ingenuo da autolimitarmi per l'incapacità di spingermi al di là del legale, anche su tutto ciò il pensiero del diretto interessato mi sembra definitivo e mi aiuta a portarmi a casa un briciolo di verità.

«Pensi che la chiusura sia un metodo o che abbia funzionato con te?» Non si sentirà nella docuserie perché è la mia voce a chiederglielo.

«Non può essere un metodo, la chiusura non può essere un metodo, chiaramente non può esserlo. Era l'estrema ratio davanti a casi disperati. Io sono stato un caso disperato per lui. E lui ha capito che quella restava l'unica possibilità per salvarmi. Però ovviamente non poteva essere un metodo. Questo va compreso, bisogna avere il coraggio di comprenderlo.»

Durante l'intervista mi ammonisco più volte, in silenzio: "Non devi infilare dentro ciò che pensi tu. Non possono essere tue elucubrazioni a pilotare l'intervista".

Purtroppo mi rispondo anche, offeso: "E allora che me ne faccio di tutti 'sti pensieri, Carlo?".

"Boh, ci scriverai un libro, se qualcuno te lo chiederà" mi zittisco.

21
L'inattendibile

Con ogni probabilità si è sbagliato. Dài. Quello lì non può essere un metodo. Tolgo tutto, se ti ribelli ti incateno, se scappi ti rinchiudo, se impazzisci ti insulto, se guarisci sei un grande e diventi un esempio, gli esempi diventano capi. Ci sono quelli per cui è stato perfetto, però; lo so bene. Non esisteva nessun metodo migliore per loro. Se pigli per il culo la morte scherzando con l'overdose, quando ti salvi è come se avessi visto la Madonna e lo Spirito Santo che si dividono una piada crudo e squacquerone. Ti tocca l'evangelizzazione: convincere chiunque di quanto il metodo sia perfetto. Anestesia totale per entrare nell'eternità, chi è che lo diceva? Muccioli era un Gesù in cerca di una Chiesa; guarda che trovarsi o scegliersi i drogati come discepoli reietti, be', è pazzesco. Rivoluzionario. O forse è sempre la solita storia. Adesso ci sono i seguaci, i follower.

Poi era un metodo che durava una vita. E non sapevi quando potevi andartene, perché quand'è che finisce una vita? La risposta era sempre la stessa: dipende. Dipende?

Dipende da cosa? Dipende da lui. Sai, se tutto dipende da lui, a un certo punto o ti fidi o ti fidi. O scappi. Ma se poi sei sempre qui, vuol dire che alla fine ti fidi.

Quando beccava quelli idonei, li convinceva, li salvava, li mutava in esempio. Bravissimi. Assunti. Ma è un po' come la scuola, ci eravamo già passati tutti: chi va al liceo, chi alle magistrali, chi va a bucarsi. E qui uguale: chi a Sanpa trova la sua giusta palestra-università e poi il lavoro, chi si salva anche se capisce subito che fuori non è per nulla facile resistere e ha paura di tornarci, e chi va a bucarsi, scappa, ricomincia. Indole? Carattere? Destino? Gesù Cristo? E io che ne so? Io mi buco. Non sono attendibile.

È ovvio che la droga sia un tabù, dice molto di più di chi siano i cosiddetti sani. Ciò che assumi per sfuggire racconta troppo il mondo da cui fuggi e dal quale vieni giudicato.

Con me ci ha provato più d'una volta. Ma alla fine non ci sono cascato. Però era bello sentirlo parlare, anche quando non diceva niente, rigirava le stesse parole ma con sempre più convinzione. Lo fa anche in televisione, guardalo bene; è che si rimane un po' imbambolati. Si segue l'andamento della voce, si perde il senso che viene sempre nascosto o posticipato, o fatto sparire; si capiscono a meraviglia i punti chiave, gli occhi, il tono, il ritmo e il volume di alcune piccole parti: è perfetto. Ipnotico. Ne ha salvati tanti, lo so per certo. Chi aveva bisogno di un babbo deciso, anche per opporglisi con dei no e mandarlo a cacare; chi cercava gli schiaffi scambiandoli per attenzione e diventava insaziabile; chi si ingarellava in una sfida con lui e questo bastava a dargli senso; chi subiva un risveglio, una rinascita, se non fosse ridicolo direi un'illuminazione, e cosa vuoi mai dire a questi? Qualunque cosa sia stato a provocarlo, va bene. Per me, fosse stato anche LSD andava bene, ma anche una formula magica da urlare per un mese di fila facendo tre saltelli. Che mi frega?! Muccioli voleva riprogrammare i giovani. Ma con me non ha funzionato. Coloro che avevano bisogno di un'intera famiglia, col padre padrone, le donne obbedienti, i bimbi, i pettegolezzi, le invidie, i campi, la festa, una piccola città ma di cui aver vissuto le fondamenta, stavano benissimo: era come sentirsi i primi sulla Terra, promessa o maledetta che fosse, però pionieri di questo territorio, gli iniziatori, anche i muratori, gli idraulici, quelli della manutenzione, gli abitanti "zero", i fondatori che l'hanno tirata su o vista tirar su, la prima Sanpa, e quindi sanno raccontarla, come in un film western violento ma che sai che finisce bene. Si andava a cavallo, i cavalli erano venerati, ce n'era uno che si diceva che costava così tanto che la cifra era superiore al riscatto che avrebbero mai pagato i nostri genitori per liberarci tutti quanti noi ospiti drogati. Con 'sta massa di cavalli come facevi a non sentirti nel West? Lo sceriffo era Vincenzo. No, Muccioli sindaco coi baffi e la jeep, lo sceriffo era Walter Delogu, aveva la pistola nel calzino, i Ray-Ban, l'impermeabile chiaro. Un trench. Forse più *Milano calibro 9* che *Per un pugno di dollari*. Quanto abbiamo riso, a Sanpa, tantissimo. Davvero, ogni giorno, si passava dal ridere al piangere, tutto accelerato a mille all'ora, come nei gruppi teatrali. Facevo teatro, io, una volta all'università, volevamo rifare il Living Theatre. La comunità è come la compagnia che fa le prove per un sacco di anni, diventa come una pentola a pressione se non va in scena. E quante parole a Sanpa. Sai cosa? È che si credeva in lui. Anche per contrasto, nella speranza di batterlo, ma una fede c'era. Per forza. Altrimenti in duemila, tutti ex tossici, anche se hai quattro guardie armate, dieci, cento amici che non ti tradirebbero mai, non le fermi mica duemila persone inferocite che se ne vogliono andare via per sempre perché ti odiano e vogliono tornare in piazza a bucarsi. Non eravamo inferociti, non lo odiavamo di certo, ci stavamo occupando d'altro e assieme a lui; venivamo dalla violenza, non credo cercassimo un posto che ne fosse privo. Cercavamo un senso, la cattiveria la portavamo noi, i nostri corpi, i nostri sbagli. Era uno di noi, si sentiva un reietto. Ma chissenefrega se era gay, se preferisce che diciamo di no, per me non è un problema, sono davvero cazzi suoi, quindi non dico niente. Non era gay. La terapia nessuno la conosce ma sappiamo che per gli uomini erano minimo due anni e per le donne minimo tre, spesso quattro. Com'è che l'unica cosa che ricordiamo tutti è questa qua? Certo che gliene fregava meno delle donne a Muccioli, ma all'Italia intera fregava pochissimo delle donne, appena prima si era tutti fascisti e votavano solo gli uomini. Fino al 1945 le donne in questo Paese non avevano diritto di voto, questo siamo stati. Vincenzo raccontava la storia dell'anello che se lo muovi rapidamente è impossibile che una matita lo infilzi, in pratica una storiella per spiegare che lo stupro non esiste, non può esistere, in nessun caso. Se l'anello non vuole. "Se accade, allora l'anello voleva." Questa era la sua visione. Gliel'ho vista raccontare cento volte, anche in televisione, anche sfilandosi il proprio anello per mostrarlo nella pratica. Mai nessuno che si sia scandalizzato o abbia detto "la smetta". Mai. Nessuno. Vogliamo dire che la colpa delle donne trattate peggio la porta solo Muccioli per tutti gli italiani? La testa di un intero popolo mica la cambi in soli trent'anni; né la testa, né le parole. Erano gli anni Ottanta e le donne venivano preparate a essere casalinghe e noi uomini bravi soldati, lavoratori. Uomini e donne autosufficienti che non avessero bisogno di chiedere aiuto.

Ci sentivamo forti. Cazzo, vieni dal buco in piazza dove cerchi il modo per fregare uno spaccino che ti tiene per le palle, e poi ti ritrovi con una famiglia di cento cristiani che ti difendono se quello stesso spaccino si fa anche solo vedere per mezzo minuto? Fico. Sai quanti pusher bastardi abbiamo riempito di botte? Fa sentire potenti. È anche questo, la famiglia. Qualcuno a cui importa di te. Anche per far male.

Ci teneva così tanto che ti veniva a prendere lui, te lo ritrovavi in salotto che rideva bevendo un cordiale coi tuoi genitori che stavano seduti con gli occhi mesti e bassi dei traditori: solo loro potevano aver avvisato in collina. Poi ti accompagnava in camera e da soli ti faceva fare il valigino a suon di scapaccioni. Veniva lui, prendeva la macchina e a un certo punto arrivava; non puoi dire che non gli importasse di noi. «Sei stufo? Non lo sei? Ce la fai? Non ce la fai? Mi odi? Sono io che decido. Ce lo siamo promessi, no? Ricordi? Sali in auto!»

Se non si accettava di ritornare con le buone, venivano usate le cattive, lo sapevamo tutti. Ma in mezzo alle due pratiche c'era il ricatto morale, che funzionava alla grande. Ha evitato milioni di pugni, di occhi pesti, di dolori, tanti morti. «Con tutto quello che facciamo per te? Ti ho preso che eri una larva umana, sei diventato responsabile del magazzino piccolo, senza la comunità saresti in giro a fare marchette. È questo il modo di ringraziarci? Non ti senti una merda? Io te lo dico, non ti lascio andare perché non posso, perché te l'ho promesso, ma ti meriteresti di andare a morire sotto un albero da solo come un cane rabbioso. Ci sono cinquecento persone che ti aspettano, sono tuoi fratelli e tue sorelle, anche nell'eroina. Abbiamo tutti gli stessi problemi. Non sei speciale. Non sei ribelle. Tu sei debole. Perché sei qui da solo. Puoi essere fortissimo dicendo solo un sì. Di' il tuo primo sì alla vita e io ti salverò. Sennò sarà solo colpa tua.»

Finché ci credi sei fortunato. A lungo ho creduto, non sarei qui altrimenti. Poi si è squarciato tutto e sembrava una brutta copia della vita di fuori. Sono tornato all'originale. Ma mi buco ancora, sono inattendibile.

«Come mai si è squarciato tutto?»

Non lo so, me lo chiedo da quasi trent'anni, ma io non sono mica Fabio Cantelli.

22

Rimini

Fra un'intervista e l'altra, quando non facciamo riunione fra noi, la sera passeggio per Rimini. È ottobre. Si percepisce il disarmo della stagione finita, anche se convention tardive e semplici abitudini rimaste dall'estate cercano di restare attaccate con le unghie e con i denti all'aria, agli alberi, alle premature luci natalizie che a loro volta provano a incollarsi dietro a quelle vacanziere fingendo assenza di cesura, naturale continuità. Quando si vive di alti e bassi, il tentativo folle è quello di eliminare i minimi, i bassissimi, nella speranza di stare così sempre su, in cima. Come a non capire che è proprio in quell'alternanza che si crea la possibilità di raggiungere certe vette, a patto che siano saltuarie, cicliche, non perenni.

Anche con la droga può andare così, i down a volte sono talmente forti e dolorosi che si esagera per tornare dove si sa che è possibile essere, semplicemente ricominciando. Spesso chi scappava da San Patrignano moriva di overdose e spesso al primo buco appena riconquistata la libertà. Come fosse una maledizione. Molti ne avevano paura. In realtà, ancora una volta, era scienza e non magia: chi fuggiva – ricordiamoci che era difficilissimo – di sicuro non aveva assunto nessuna droga da un po' di tempo, era regredito a principiante avendo superato l'astinenza, anche il suo corpo non era più avvezzo a certe sostanze schifose con cui viene tagliata la roba. E dopo così tanto tempo vuoi che non te ne inietti il doppio, per tornare su? Vuoi non esagerare dopo essere stato bravo così a lungo? Di certo non cominci con metà dose, che è quello che invece ti salverebbe almeno da questa overdose maledetta seppur prevedibile.

Tiro fuori il mio telefonino continuando a camminare e cerco su Wikipedia. Per scrivere sono costretto a fermarmi, non so digitare in movimento. Cerco "droga", trovo: "È una qualsiasi sostanza che, se inalata, iniettata, fumata, ingerita, sciolta sotto la lingua, assorbita attraverso un cerotto sulla pelle o da diverse mucose, provoca un temporaneo cambiamento psico-fisiologico nel soggetto. In farmacologia la droga, chiamata anche farmaco, è una sostanza chimica utilizzata per trattare, curare, prevenire o diagnosticare una malattia o per promuovere il benessere".

A chi non serve un "temporaneo cambiamento psico-fisiologico", quando si sta poco bene, quando non si riesce a dormire, quando il nervosismo ti stringe i tendini da dentro, quando si ha caldo, quando si è tristi, quando i fantasmi ti stordiscono accavallandosi in testa e non riusciamo ad alzarci dal letto, quando si fa buio in pieno giorno e nulla merita il nostro interesse? Non intendo dire che tutte le droghe sono uguali – dal vino all'aspirina, al caffè, alla marijuana, al sonnifero, all'MDMA, allo psicofarmaco, alla coca, alla sertralina –, no di certo; ma i malesseri che portano a bramare un cambiamento psico-fisiologico sì, quelli sono tutti molto, molto simili. Le angosce dei tossici sono le stesse angosce dei loro coetanei; i primi hanno scelto soluzioni distruttive.

Avrei potuto esserci anch'io a San Patrignano. Sono del 1974. Ho solo scelto altre soluzioni o nascosto meglio la mia distruzione.

Una delle ultime notti che ancora girovagavo andando verso il rumore delle onde, arrivo alla passeggiata dove imboccano gli stabilimenti balneari, i bagni numerati. Non guardo il numero, dopo un'occhiata circospetta salto la staccionata nonostante il divieto, il flash della pubblicità dell'olio Cuore si sovrappone mentalmente al mio salto e sto quasi per cadere. Mi introduco con la lentezza di un turista che sta cercando qualcosa nella sabbia o un'indicazione, pronto a chiedere scusa della propria intrusione, sfoggiando la faccia dell'innocuo bravo ragazzo purtroppo costretto dalle circostanze a infrangere la legge. Ma appena non sento più le luci sulla pelle, come uno sgamato attore di teatro, mi trasformo in un illegale intrusore della proprietà demaniale e accelero il passo rendendolo anche un po' furtivo. Fino al bagnasciuga, fino all'acqua, fino a intingere una mano nel mare stando attento a non bagnarmi null'altro. Sono su di giri, mi passa in testa l'ipotesi di un tuffo notturno ma non lo sperimento. Anche della stupida adrenalina autoindotta e rinforzata con una corsetta funziona da droga. Il nostro corpo ne autoproduce diverse.

Guardo lo skyline alberghiero di Rimini, ogni insegna è l'intricata storia di almeno una famiglia, le recenti parole dell'intervista allo psichiatra Montecchi, ribadite anche da altre fonti, mi rimbombano in testa: «Qui a Rimini è stato teorizzato il turismo di massa»; «Tutta la zona intorno a Rimini è territorio di comunità»; «Non si dimentichi che questa è la città di Federico Fellini». Prima o poi mi piacerebbe fare un documentario su Rimini, su una città, sulla memoria comune di un gruppo di conviventi, sulle storie che restano mentre le generazioni passano. Perché le città, i luoghi in genere, assumono in fondo un carattere, una voce o un modo d'esprimersi, come anche un percepito dei foresti. Sono un aggregato di narrazioni. Ciò che fa di un punto geografico un luogo sono i suoi abitanti, la loro storia, i loro recinti, le azioni singole e quelle comunitarie, il loro inconscio collettivo. Ma come la si racconta un'intera città? Come si gestisce questa complessità unita alla dimensione? Forse bisogna iniziare da un nucleo minore. Da una comunità all'interno della comunità. Sanpa, la parte per il tutto. E non parlo di Rimini, parlo di tutto.

Chissà Fellini come racconterebbe San Patrignano. Quale potrebbe essere la prima scena di un film del maestro sulle vicende muccioliane? Sarebbe divertente ipotizzarne una sceneggiatura.

Ogni doc è un seme per un altro doc; i documentari ti spalancano alla curiosità ma poi chiudono molte meno porte di quelle aperte, seminano per opere successive, instillano germi di brama conoscitiva, a ben guardare qualcuno potrebbe dire che è una sorta di autopubblicità sleale; ogni spettatore, a maggior ragione se giovane, è un potenziale documentarista di domani. Tutto ciò mi sembra rassicurante. La verità che crea sete di verità. L'indagine che diviene infezione.

Mi piace la fase delle interviste, è la parte live, è la diretta, la partita giocata in campo, serve improvvisare ma continuando a chiedersi cosa si sta facendo e cos'altro si potrebbe o dovrebbe fare. È la fase del raccolto, della vendemmia, dell'accumulo estivo di materiale per poi far fronte all'inverno al chiuso del montaggio. L'attenzione massima è nell'avere, oltre alle derrate sufficienti, tutti gli ingredienti giusti per ciò che abbiamo in testa e molte versioni alternative. Il montaggio vero, poi, non sarà affar nostro tecnicamente, ma il montatore può montare solo quello che c'è, solo quello che gli portiamo noi.

Più conosco la vicenda e parlo coi testimoni, più mi convinco della bontà della nostra scelta azzardata parecchio tempo fa: raccontarlo senza esperti esterni, senza testimonianze di chi non fu coinvolto, senza una voce fuori campo che accompagni lo spettatore. Non perché ciò per forza sia meglio, è semplicemente quello che reputiamo interessante fare con questo tipo di storia, forse proprio perché San Patrignano troppe volte è stata raccontata in versione ufficiale, in modo parziale, un po' istituzionale, oppure con uno sguardo esterno giudicante e senza nemmeno il desiderio di provare a capire. Mi preme precisare che questo è possibile solo avendo a disposizione tempo e risorse. Chi non lo fa, spesso, non è messo in condizioni di poterlo fare.

Mi spiace che stia finendo il set. Ripenso alle interviste e sorridendo mi dico che se dovessi assegnare loro un unico tratto comune, sceglierei l'autoironia. Non ho ancora capito se la maggior parte degli ex tossicodipendenti condivida questa caratteristica, o se in realtà l'autoironia sia il tratto comune di chi è sopravvissuto all'eroina, quasi ne fosse una sorta di antidoto. Nel dolore, nel ricordo di momenti terribili, abbiamo anche riso molto, e questo solo grazie ai nostri testimoni che ridevano con noi.

Ogni tanto mi tornano alla mente dei frammenti di interviste, spesso sono scene marginali, ma in quel rapporto di fiducia che si instaura fra chi chiede e chi risponde sotto lo sguardo di una telecamera, a tratti è possibile scorgere una sorta di trasparenza o una semplice finestrella socchiusa.

Piero, il fratello di Vincenzo, che dice: «Io ho studiato scienze geologiche», e specifica subito nel timore di non essere stato compreso: «Geologia». E fa una faccia che sarebbe arduo chiedere a un attore di ripetere. Un'espressione magnifica e complessa che riesca a significare: "Lo so che adesso mica tanto, ma ai miei tempi non suonava così strano studiare geologia", però che sia comprensiva anche di: "Non sto dicendo che ho sbagliato del tutto o che era meglio non farla, ci mancherebbe; dico solo che oggi non so se rifarei quella scelta, geologia! Anche se ribadisco che ai tempi sembrava meno insensata di quello che si è poi dimostrato". Da premio Oscar, se qualcuno riesce a riprodurla nell'intenzione di una battuta; da pugno nello stomaco quando la vedi semplicemente accadere nel racconto in diretta di un'esistenza.

Dell'intervista a Sebastiano Berla ho un'immagine che porterò sempre con me. Nel 1994, in tempi davvero non sospetti – non solo non esisteva ancora Netflix, ma nemmeno internet – avevo acquistato un libricino: *Il gelo dentro. Lettere da San Patrignano* di Natalia Berla. Non so spinto da cosa nello specifico, ma ricordo che lo lessi e lo sottolineai, anche perché il volume ce l'ho ancora. Ero da poco stato ammesso all'Accademia d'arte drammatica, forse avevo in mente qualcosa di teatrale, o forse fu solo il mio antico amore per tutto ciò che è epistolare, indirizzato, con un interlocutore preciso, strapieno di Io e Tu.

Rivedere quello stesso libro, quella stessa copia sottolineata negli anni Novanta, nelle mani del fratello gemello che, più di venticinque anni dopo, rilegge lettere della sorella a lui indirizzate, mi ha lasciato senza parole. Di certo commosso dal contenuto delle missive di Natalia e dalla reazione di Sebastiano, ma anche incredulo per quanto i libri possano rimanere silenti in una libreria e all'improvviso trovare la loro voce, il loro perché, magari addirittura il senso della loro presenza su una bancarella del passato.

Sempre di Sebastiano ricordo bene anche questa affermazione: «Per Muccioli ogni persona che riusciva a scappare era un fallimento. E lui non ammetteva fallimenti». Mi colpì perché pensai che perfino un uomo che certo non vuole bene a Muccioli – non può volergliene – comunque nel descriverlo cerca di giustificarlo, gli assegna un'ossessione, un qualcosa che lo possa aver reso peggiore, a un certo punto, non una cattiveria insita o meditata. Come fosse affetto da un perfezionismo che purtroppo si è guastato.

Del figlio di Maranzano, Giuseppe, mi si è piantata in testa una frase che mi ha spiegato un concetto al quale non avevo affatto pensato prima: «Se nessuno avesse confessato l'omicidio, io a distanza di trent'anni ancora penserei che mio padre era un malavitoso assassinato in provincia di Napoli per un regolamento di conti. Ringrazio chi, anche se tardi, ha deciso di condividere pentendosi». L'importanza della memoria, conoscere il proprio passato, indagare sui propri cari.

Chi era mio padre? Cosa ho preso da lui? Quali storie restano quando tutto finisce?

Fa freddo, a ottobre, in spiaggia. Mi incammino verso l'albergo. Mi hanno raccontato che negli anni d'oro, a Sanpa, il picco delle fughe era verso aprile-maggio, e le vere code interminabili supplicando l'ingresso coi sacchi a pelo davanti ai cancelli iniziavano a ottobre.

«È la stagionalità del tossico» così l'ha definita questo ragazzo ospite in comunità per parecchi anni, con un folto curriculum di fughe e rientri.

È ovvio, è per il freddo. Appena arriva il caldino di aprile, sei in una comunità in cui è vietato fare sesso ma a dieci minuti da Rimini, dove sta iniziando la stagione più affollata d'Italia se non d'Europa, sai che in qualche modo la sfangherai, diciamo che le motivazioni per scappare vanno via via crescendo assieme alla primavera che avanza, anche dentro i pantaloni.

Quelli che scappano lo fanno per andare a farsi. Qualcuno spera di rimanere pulito anche in libertà, almeno per un po'. Poi di solito le difficoltà dell'ex te le fanno così tanto scontare che riprendi per vendetta, per orgoglio, per idiozia, per disperazione, perché è ciò in cui pensi di essere più bravo. Ma quando arriva il freddo di ottobre è più difficile essere tossicodipendenti, dormire per strada, rubare a chi, che sono tutti chiusi dentro al caldo? Il freddo che sento mi fa capire l'intero racconto in un brividino, e ricordo anche il resto.

«Sì, sì, verso maggio io scappavo, non mi si teneva;

scappavamo in tanti; sole, aria aperta, eroina, il tempo volava e in un attimo ripiombava ogni anno l'inverno. Star di fuori sotto al freddo fa schifo. Sognavo la comunità. Promettevo che non sarei mai più scappato, lo giuro, avete la mia parola. L'ideale era farsi riprendere per fine settembre, la vendemmia a Sanpa è stupenda. Ho fatto dentro e fuori. Sai perché a un certo punto ho deciso di rimanere? Perché l'ultimo anno, ogni giorno ma soprattutto a partire da Pasqua, mi guardavano schifati come a dire: "Ci stai prendendo per il culo, stupido? La tua parola non vale niente? Credi di essere furbo?". Quando una domanda così te la fanno in centinaia, tutti i giorni e li reputi amici, a un certo punto o crolli o cambi. Sì che vale la mia parola. Adesso ve lo faccio vedere io. Vi frego anche stavolta: resto! Son rimasto nove anni.»

Entro nella hall dell'albergo pensando che quel ragazzo non si buca più e vive fuori da Sanpa, salvato dagli sguardi delusi dei propri compagni di viaggio che si sono espressi come comunità. Un insieme più ragionevole del singolo.

L'unione fa lo sguardo potente.

22½

Una sceneggiatura per Fellini

001 CIELO DI RIMINI - ESTERNO GIORNO
Cielo azzurro e nuvole. Nuvole che sembrano rincorrersi. Nuvole che paiono assumere forme d'animali, di oggetti, anche di volti umani. La sensazione della soggettiva di un uccello che si allontana per vedere il disegno totale delle nuvole e poi si tuffa nel bianco per scoprire i particolari in cui volteggiare divertito e curioso.

002 CIELO DI RIMINI - TRAMONTO - SULLE NUVOLE
Come nella più classica delle vignette - a prologo ovvio di una vicenda che poi sarà complessa - un ANGELO e un angelo caduto, ovvero LUCIFERO, saltellano da una nuvoletta all'altra, vestiti con tuniche opposte, una bianca e l'altra rossa, ma sandali identici.

LUCIFERO

Io non vedo niente di interessante. Quanto è inutile e noiosa, l'umanità.

ANGELO

Hai sempre capito poco, Lucifero, anche quando stavi fra noi angeli.

LUCIFERO

«Noi angeli», mi fa venire il voltastomaco anche solo sentirlo; sembra il nome di una band gentile e scarsissima. *(continua a guardare di sotto, saltellando sulle nuvole)* Nulla, nulla di nulla. *(saltello)* Solo uomini che sbattono al buio. *(saltello)* Nemmeno qui c'è qualcosa di interessante. *(saltello)*

L'angelo si blocca all'improvviso, Lucifero se ne accorge tardi e non rallenta in tempo. Il tamponamento è vigoroso tanto che entrambi rischiano di cadere di sotto. Dopo aver imprecato ed essersi salvati per un pelo.

ANGELO

(elettrizzato)
Aspetta. Ho visto un uomo.

003 RIMINI - TRAMONTO - IN UN FAZZOLETTO DI SPIAGGIA
Un uomo quarantenne coi baffi e le fattezze di Muccioli cammina scalzo sulla sabbia, ma potrebbe anche trovarsi disperso in un deserto. L'uomo è affannato però deciso nel suo passo. Improvvisamente si ferma, guarda in basso, pare scorgere qualcosa, si china per sincerarsene, infila la mano sinistra nella sabbia, profonda, poi la estrae e la porta vicino agli occhi, tenendo le dita a pugno e sbirciandovi attraverso mentre la sabbia in eccesso precipita a terra. È curioso e soddisfatto, insacca il segreto misterioso nella tasca sinistra dei pantaloni e prosegue la sua camminata, più risoluto, si direbbe - solo ora - con una meta.

004 CIELO DI RIMINI - TRAMONTO - GLI ANGELI
Dopo quella visione, l'angelo sembra contento, Lucifero è indifferente. Sono su due nuvolette separate.

ANGELO

L'hai visto anche tu?

LUCIFERO

Certo.

ANGELO

Che cosa può aver raccolto quell'uomo?

LUCIFERO

Ha trovato un pezzo di verità.

ANGELO

(vittorioso)
Esatto. Un brutto affare per te, allora.

LUCIFERO

(serafico)
Per niente. *(il più dolce sorriso di sempre)* Adesso farò in modo che la organizzi.

Lucifero dà un calcetto alla nuvola dell'angelo che viene proiettata lontano molto rapida.

ANGELO

Bastardooooo.

LUCIFERO

(facendogli il verso)
Esatto.

Dà una spinta simil skateboard e schizza via a sua volta, in direzione opposta, sulla propria nuvoletta.

Noi precipitiamo sulla Terra, dove ha inizio la nostra storia.

005 RIMINI - ESTERNO NOTTE - SPIAGGIA

Un accampamento di roulotte in mezzo alla spiaggia. Diversi falò attorno ai quali una popolazione di tossicodipendenti si scalda, scambia poche parole, si sta vicina. Nonostante la miseria evidente, si intuisce che ognuno indossa il proprio abito migliore. Non è un giorno qualunque, è la notte di un funerale. Una bara aperta è il chiaro centro dell'azione. Oltre agli ex drogati, vediamo schierati in qualità di autorità: il sindaco, il presidente di Regione, il cardinale, tre ministri, il parroco, il capo dei carabinieri e il comandante di polizia, un'alta carica militare. In mezzo a loro anche gruppi di madri piangenti, diverse prostitute succinte ma rigorosamente in nero, alcuni drappelli di associazioni delle famiglie, giovani rasati dietro allo striscione «ANCHE IL CAFFÈ È UNA DROGA!», altri giovani capelloni dietro allo striscione: «Noi non vogliamo l'elemosina. / Noi vogliamo diventare grandi / vogliamo diventare adulti». Firmato «La città dei ragazzi».

Solo ora scopriamo che nella bara giace morto l'uomo baffuto che nella scena precedente ha raccolto dalla sabbia il pezzo di verità. È certamente lui anche se visibilmente invecchiato.

I tossicodipendenti che sostavano ai falò si stanno ora compattando in un unico gruppo. Ognuno ha appresso uno strumento: trombe, tromboni, violini, contrabbassi, piatti, un'arpa. Senza darsi ordini o fare troppi segni, iniziano ad accordare gli strumenti, ad accennare brevissime sequenze. Intanto due gruppi di una dozzina di persone ciascuno stanno spingendo due pianoforti a coda in una sorta di faticosissimo rally sulla sabbia; l'accordatore li insegue inferocito.

006 RIMINI - EST. NOTTE - NEBBIA E STRADINE DEL BORGO
Una giovane ragazza con le vesti strappate e le braccia sanguinanti di graffi corre per le strade del borgo come se avesse visto il Demonio o Cristo risorto, senza mai smettere la sua fuga si copre la bocca per trattenere le urla, corre all'impazzata rischiando più volte di inciampare ma rialzandosi sempre. La nebbia avvolge tutto ma il mare non è lontano. Si sente.

007 RIMINI - ESTERNO NOTTE - SPIAGGIA
Il fantasma dell'uomo baffuto nella bara arriva sulla spiaggia assieme alla ragazza rincorsa che cade nella sabbia a pochi metri dall'accampamento.

GIOVANE RAGAZZA

Pensavo di far prima. *(muore)*

Quello sembra il segnale e i tossicodipendenti attaccano a suonare meravigliosamente per attirare il fantasma. Ma allo stesso tempo, indietreggiano. Finché alle loro spalle compare un grande pupazzo da circo di quelli con le manone grandi, su ruote, che avanza, si trova di fronte al fantasma baffuto e roteando su sé stesso lo riempie di scapaccioni bonari ma fortissimi e inesorabili. Diversi musicisti avanzano di nuovo e vengono presi anche loro in questa ridda di sberloni facendo nascere una piccola rissa. Ma il grosso dell'orchestra continua a suonare. Si distingue un folto drappello di uomini e donne con i piatti, che marciano e suonano fortissimo, noncuranti di chi o cosa venga frantumato nell'impatto.

Dal mare fuoriesce una copia gigantesca ma identica al primo pupazzo da circo. Questo Superpupazzone si mette a roteare a sua volta prendendo a schiaffoni sia il fantasma baffuto, sia il pupazzo sulla spiaggia, sia gli ex tossici suonatori o non suonatori, sia le autorità che si danno alla fuga disperata.

Continuando a roteare colpendo, l'enorme pupazzo-mostro marino grugnisce.

MOSTRO MARINO

Aspetta che dopo arriva quello grosso davvero.

23

Ritorno al campo base

Abbiamo tutto?

No di certo, tutto non significa niente.

La domanda è se abbiamo a sufficienza.

Sì. Abbiamo materiale sufficiente per più di una docuserie. Ne abbiamo per più storie. Di sicuro abbiamo anche più temi svolti di quelli che poi troveranno spazio.

Ed è inevitabile che sia così. E salvifico.

Fine set.

Ci si guarda già con una certa nostalgia che non si dice, non è un addio, non è assolutamente un arrivederci, è un grazie della compagnia, si cammina meglio in gruppo.

Ci diamo dei giorni di niente, decompressione e inevitabile rimuginio. L'intenzione è il riposo, nostro ma anche del materiale, nella speranza che così sedimenti e nel percolare cominci a trovare vie sconosciute per avvicinarsi, agglomerarsi, farsi storia orale.

Chiunque scriva e si ritrovi per le mani una sorta di indagine su un'indagine di cui sente di dover imbastire una storia, a un certo punto pensa al libro di Truman Capote. Ci sono altri esempi illustri e precedenti, oggi c'è l'importante presenza dei libri di Emmanuel Carrère, ma *A sangue freddo* è di solito il riferimento più limpido.

L'ho letto una volta, lo cerco in casa e non lo trovo, lo chiedo al Tribunale Superiore della Mia Libreria che è Moreno e si sancisce che è assente, ma io son sicuro che ce l'avevo, l'ho letto, l'ho sottolineato, com'è possibile? Infine assegno l'ennesimo punto vincente a questo monito paterno che da sempre mi perseguita: «I libri non si prestano, si regalano e basta; perché non tornano mai indietro».

Mannaggia se è vero.

Ricompro e rileggo il perduto sangue freddo, un po' nel tentativo di recuperare le sottolineature che devo aver fatto in gioventù, e ora giacciono incomprese in qualche infingarda libreria altrui facendomi incazzare, un po' perché penso che la letteratura ha gli strumenti per occuparsi di storie di cronaca, anche magnificamente, però è un'operazione molto diversa dalla docuserie. *SanPa* dovrà essere un'inchiesta che trae forza anche dalla sua equidistanza, dall'assenza di commento, dal voler lasciare allo spettatore ampio campo libero di giudizio. In letteratura io voglio sentirla, la voce dell'autore, mi interessa quel che ha da dire, è la sua soggettività il fulcro, non la verità; sempre ammesso che una verità esista.

Eppure, parafrasando l'incipit di Capote, mi è impossibile non appuntarmi, solo per me, questo divertimento: «La comunità di San Patrignano si trova sulle basse colline verdi romagnole, una zona appartata che nel resto del riminese viene definita "lassù"».

Tornati a Milano al campo base con le interviste girate ricominciamo a parlare intorno a un tavolo. È come riprendere un puzzle lasciato a metà per limiti manifesti e perché troppe tessere erano ipotetiche o assenti. Siamo andati a recuperarle e ora eccoci qui. Questa volta sappiamo di avere tutti i pezzi. Non valgono più i "se ci racconta", "se a camere accese ha il buon gusto di ridirci quello che dichiarò al giornalista nel '90", i "speriamo abbia il coraggio di ammetterlo", non valgono nemmeno i "se accetta di rilasciarci l'intervista prima che chiudiamo il set", i "chissà se qualcuno affronterà questo tema". Insomma, il gioco ora è un altro: scarichiamo sul tavolo un miliardo di tessere e in coro diciamo: «Inizia tu!».

In realtà si riparte dagli schemi condivisi che ci hanno portato alle interviste, ma ora il centro sono le interviste stesse, che non sono più un mistero da realizzare e infatti le abbiamo fatte sbobinare parola per parola e ognuno ha riletto la totalità del *testo* che abbiamo.

«Io le ho portate stampate» mi vanto mostrando una risma tiepida di copisteria.

«Carlo, non dirlo nemmeno per scherzo, abbiamo tutto online, così le correggiamo, le puoi leggere in tempo reale da qualunque angolo della Terra, anche dal tuo telefonino; a cosa serve stampare? Adesso scrivo a Greta Thunberg e ti denuncio!» mi sgrida Gianluca.

Mi vergogno dello spreco, ma in alcune fasi la mia testa ha bisogno di pezzi di carta da maneggiare, da spostare, da imbrattare, da fissare in contemporanea, credo anche da strappare e lanciare in un cestino della carta gioendo come fosse sempre un canestro da tre sulla sirena di gara sette. So che ogni giorno esce una nuova app che promette di farti fare la stessa esperienza con soli documenti digitali. Resto curioso e permeabile. Ma al momento vi vedo lontani dalla mia selva di taccuini blocchettosi e appunti volanti. Siete distanti da comprendermi e risolvermi, ho una marea di dati che non vi cederò mai.

In writingroom, oltre a me, Gianluca e Paolo, ci sono Elena e Grazia Sambruna. Dobbiamo starci vicini. Serve avere sempre qualcuno che ti aiuti quando farnetichi su una frase che sei sicuro che qualcuno debba aver detto.

«Sicuro, Grazia!» rispondo insistente.

«Non lo metto in dubbio ma io non l'ho trovata» dice lei gentile.

«Elena, tu non te la ricordi?» sparo a casaccio.

«No, Carlo. A memoria tutte le interviste, no. Non ancora» scherza lei.

«Allora facciamo una ricerca in tutti i file di ogni sbobinatura, si può, Gianluca?» chiedo credendo di aver buttato lì la sfida del secolo e coinvolto il capo.

«Certo. L'abbiamo già fatto, Carlo. Non c'è!» dice Paolo.

«Sicuri sicuri?» sto per affogare.

«Abbiamo cercato la frase, poi le singole parole. O l'ha detta in un'altra lingua o l'hai sentita solo tu» mi colpisce e affonda Gianluca.

Non soddisfatti, abbiamo fatto sbobinare anche la gran parte dei materiali di repertorio, in modo da avere l'ingombro del testo, anche solo per comprendere la totalità delle parole a disposizione, la tavolozza dei colori.

Sempre partendo dal vecchio schema, dipaniamo diverse nebbie, eliminiamo interi atti, spostiamo pesi, ipotizziamo nuove sequenze, iniziamo a vederlo, almeno raccontandocelo con le parole giuste, dette, recuperabili con un timecode che ci appuntiamo.

Per portarci avanti, perché il montaggio vero non inizierà prima di febbraio e perché vogliamo testare la fattibilità dei nostri sogni e desideri, e forse anche per capire se siamo impazziti o meno, e infine anche perché è la nostra prima docuserie, abbiamo fatto una cosa piuttosto folle che di solito non si fa: montare su carta.

Ovvero prendere i pezzettini di testo dalle varie fonti e provare a metterli grezzamente in ordine per dare un senso compiuto, un inizio di discorso filato fatto da una sorta di coro di voci, un'imbastitura, un *Ur-SanPa*, per dirla colta.

È ovvio che sia un gioco velleitario, perché il montaggio non è solo questione di parole e senso, non tutto è giustapponibile, dipende dalle intonazioni, dalle pause, dal legarci le giuste immagini di copertura, insomma, da una miriade di fattori. Ma lo si fa per avere un'idea, per verificare un'ipotesi. Va poi detto che questi segnaposto – seppur montati e fatti di pezzulli di frasi sbocconcellate o di eterni monologhi – indicano un argomento e come trattarlo, poi sta al montaggio e alla postproduzione capirne e inventarne la realizzazione.

A gennaio voleremo a Londra a vuotare il sacco, così – assieme alla regista Cosima Spender – trasferiremo al montatore Valerio Bonelli e alla sua squadra, che ha già cominciato a visionare e ordinare il materiale, tutto ciò che abbiamo ideato, pensato, reso ripetibile. Ciò che abbiamo per le mani e tutti gli archi narrativi che vogliamo raccontare.

TUTTI
(DOPO)

24

Perché l'ho fatto?

Mi vengono a prendere in macchina la mattina, salgo con Moreno. Appena arriviamo a destinazione ci offrono due espressi con calma apparente per ricordarci che hanno fretta. Mi fanno firmare dei fogli mentre mi microfonano. Siamo in una stanza di una casa arredata, quelle delle pubblicità, è tutto molto pulito. Una ragazza mi trucca dicendo: «Non ti trucco, tranquillo. È solo cipria».

Io, mentre chiudo gli occhi per accogliere meglio il prodotto, annuisco: «Perfetto. Non mi faccio mai truccare».

Mi accompagnano a sedere davanti a due telecamere e a una dozzina di persone indaffarate. Mi accorgerò presto che sono piene di aspettativa nei miei confronti. Finiscono di fare ciò che sembra molto importante finire in rapidità, è come assistere a un esercito che in una nuova trincea si organizza per compiere ciò che ha già realizzato milioni di volte altrove. C'è parecchio rumore, ma è necessario; in realtà ognuno fa molta attenzione a non disturbare il lavoro dei propri commilitoni, anche perché non sai mai chi puoi incontrare di nuovo in un'altra battaglia e quale ruolo potrebbe e potresti avere su questo nuovo set.

«Silenzio. Si gira.» Una voce stentorea dà l'ordine. All'istante il silenzio diviene totale.

«Silenzio.»

«Motore.»

«Partito.»

«Ciak in campo.»

Un ragazzo che non ho mai visto prima sbuca vicinissimo alla mia faccia con un'asse di legno che mi sembra a scacchi bianca e nera, con parole e numeri scritti a pennarello come su una lavagnetta, ha una cerniera che sbatte forte sull'asse, come un cassetto chiuso con un calcio, una porta sbattuta all'improvviso dal vento.

«Ciak.»

Sento un fortissimo *ciacchete* a pochi centimetri dal naso, potrei spaventarmi, ed è allora che si collega il rumore a quell'ordine onomatopeico. Ciak. L'asse scompare assieme al ragazzo col cancellino in mano che per abitudine sta già eliminando il numero del take per correggerlo col successivo.

Una pausa. Oddio tocca a me?, penso.

«Azione!»

Sì, dal silenzio sospeso che cala, mi sa che tocca a me.

Così dev'essere apparso a molti dei nostri testimoni, per me in realtà non è la prima volta davanti a delle telecamere o su un set. Approfitto della mia sonnolenza per immaginarmi come può averla vissuta uno dei nostri intervistati. Sono qui per rispondere alla domanda "perché l'ho fatto?", che suona un po' come un'ammissione, l'elaborazione di un senso di colpa, il colmo di un sacco che sta per svuotarsi. È fatto apposta, è un gioco verbale voluto, per richiamare il mondo del crimine, per titillare il desiderio di confessioni. Il "Why I made" è un elemento della campagna stampa: il giorno prima di rilasciare la serie, rendono pubblico questo piccolo contenuto che va ad aggiungersi al trailer.

Sono qui per essere intervistato sulla docuserie *SanPa*. Mi sembra la giusta nemesi, anche se un po' prevedibile e drammaturgicamente elementare: finire io dall'altra parte della telecamera, intervistato a causa e a giustificazione del mio troppo intervistare.

Perché l'ho fatto?

Penso a mio padre avvocato, a quelli al bar inchiodati nei loro pregiudizi, a NinoPanino, a chi ci aspettava da trent'anni, a chi si è fidato di noi, ai boxer rossi di Marco dopo undici piani, ai fratelli maggiori dei miei fratelli maggiori; l'elenco si ingigantisce ma so bene che qui servono trenta secondi, serve qualcosa di montabile, sintetico, preciso. È un'intervista video di pochi minuti, non un libro.

Perché l'hai fatto?

Perché è una storia comune, di tutti, di ognuno, della comunità, e parlo di quella italiana, quindi inclusa anche quella di San Patrignano. Tutti abbiamo avuto un tossico in casa oppure ci siamo chiesti se il tossico eravamo noi. Era doveroso raccontarla. Far finta di dimenticare è sempre un piano fallimentare. Le storie fanno parte di un *humus* collettivo, spuntano come funghi quando meno te lo aspetti; pensi che sia finalmente finita e sepolta, poi invece basta una pioggia e una spora o un rimorso e risalta fuori tutto.

Perché l'hai fatto?

Perché non è una storia di eroina, anni Ottanta e vecchi problemi ormai superati. Parla di oggi, di noi italiani e della nostra gestione di gruppo. Parla di potere, della fascinazione dell'uomo forte al comando che decide lui per tutti, parla della paura che quasi mai è buona consigliera.

Forse anche per un motivo semplice: la droga non è sparita, oggi ce n'è più di prima, e a occhio e croce siamo parecchio inesperti anche questa volta. Mi sembra importante capire cosa si rischia quando uno Stato è impreparato, perché qualunque sia il tema è una questione che vale per tutti, nessuno può sentirsi escluso o esentato. Perché se lo Stato è manchevole, nascerà un'organizzazione che si sostituirà a esso. Ed è probabile che all'inizio se la cavi pure meglio, visto che il Paese sta brancolando nel buio e i soldi privati si muovono più rapidi. Ma resta il fatto che un'organizzazione non controllabile dalla comunità che opera in settori così delicati per la salute di tantissimi cittadini è troppo pericolosa per la collettività.

Quanto può essere complicato quando uno Stato o un mondo non è pronto ad affrontare una difficoltà, è evidente a tutti nel momento in cui si propaga una pandemia. Ma senza scomodare l'esplosione imprevedibile di un'emergenza sanitaria mondiale, ci sono impreparazioni ben più consolidate e pronte a deflagrare. Penso al gigantesco mondo di internet, all'uso e all'abuso di un'incalcolabile mole di dati in mano a privati; penso alle conseguenze del cambiamento climatico; penso all'onda migratoria che sta riguardando il mondo intero.

E poi l'ho fatto, felice di far capire che la droga è un sintomo, perché se sono gli stessi ex tossicodipendenti a dirtelo, ciò aiuta a sottolineare che quanto dura ancora oggi è il malessere, il bisogno di assumerla, le ragioni per rifugiarvisi.

L'ho fatto anche perché si parla sempre più spesso dei nefasti effetti delle fake news, che non credo siano un frutto recente della nostra umanità, ma le aumentate possibilità di divulgazione capillare e istantanea le hanno rese molto più ingombranti e pericolose. L'unico antidoto a queste notizie inventate è informarsi e informare nel modo più limpido possibile, verificando ogni cosa più volte, mostrando i fatti, producendo le prove, ricercando un'oggettività, non stancandosi mai di approfondire e di essere sicuri di ciò che si sta affermando. E forse anche raccontarle in maniera coinvolgente, semplice e mai disonesta. Perché se le storie non si rendono accessibili ai più, poi distorcerle nell'ignoranza è un gioco da ragazzi, negarle diventa semplice, ogni giorno d'oblio più semplice.

Per tenerlo sempre a mente, mi sono ripetuto in continuazione: "Non voglio documentire". Che è un'arte a sé, sottile, complessa e manipolatoria. Documentire non è dire un'inesattezza o sbagliare una data, non è nemmeno fare un documentario mediocre; è raccontare bene e in maniera credibile delle panzane, delle menzogne. Documentire è sfruttare l'aura di giustezza che viene dall'antico-desueto "l'ha detto la televisione", usarne spesso anche la voce da documentario tradizionale, da servizio pubblico, ma senza prendersi la responsabilità di quello che dice o mettersi nelle condizioni di pagarne le conseguenze.

«Carlo, quando sei pronto, puoi iniziare a rispondere.»

«Eh?!» Mi risveglio dalle mie elucubrazioni che per

fortuna non ho impresso indelebili in una registrazione audio e video. «Sì, certo, scusate, ero sovrappensiero. Ci sono. Com'era la domanda?»

Durante l'intervista mi rendo conto di essere per la prima volta in una stanza con diverse persone che hanno visto i cinque episodi della serie che sta per uscire. È dicembre del 2020. Gli è stato concesso per poter organizzare la comunicazione. Io ne prendo coscienza grazie alle domande: «Quanti anni ci avete messo?»; «Come mai riprendere una storia di trenta, quarant'anni fa così divisiva?»; «Vi aspettavate che Muccioli...?». Ma ciò che mi interessa sono i loro sguardi, occhi di curiosità avida. Prima della fine dell'intervista, un buon numero dei presenti mi svelerà, quantificandoli, i propri pochissimi gradi di separazione dall'eroina di quegli anni. E non perché sia una troupe o un ufficio stampa di ex tossici, ma perché tutti noi italiani abbiamo uno zio, il figlio di un amico, un lontano conoscente, che è stato a Sanpa o in un'altra comunità, oppure ha smesso con l'eroina in altro modo, inclusa troppo spesso l'opzione della morte, non sempre per overdose.

Quello che sento in quella stanza è una sorta di gratitudine di gruppo, come se si stessero esprimendo in quanto simili e non in quanto singoli, e dunque la manifestassero in *ensemble*, comunitariamente.

«Grazie» mi dicono alla fine, mentre sto intascando delle briochine confezionate e delle caramelle cercando di non farmi notare troppo. Moreno mi ammonisce con gli occhi, come si farebbe con un bimbo che in casa d'altri si pulisce le mani sporche di terra sulle tende bianche del salotto.

Finisce sempre così sui set, all'inizio riesco a negarmi al buffet giustificandomi col bisogno di concentrazione, giusto un caffè, non mangio mai prima di andare in scena; ma tutto ciò crolla alla fine, quando però il buffet lo stanno smontando così come le telecamere, le luci, la poltrona, ogni cosa. Allora mi intasco di nascosto snack e quel che è rimasto, usando come scusa le nipotine, la fame post sforzo, comunque prima non ho mangiato niente, ho dei testimoni, ho preso solo un caffè, tanto voi le buttereste, no?

«No, le riuseremmo sul prossimo set. Ma grazie lo stesso.»

Grazie a voi.

Quando esce *La città dei vivi* di Nicola Lagioia, sono curiosissimo. È un romanzo sull'omicidio Varani, recente caso di cronaca nera che vede coinvolti due giovani amanti rei confessi dell'assassinio di un diciannovenne in un appartamento a Roma. Sono curioso, inutile negarlo, perché sulla carta è ciò che mi sembra più simile a ciò che hanno avuto la fortuna di vivere i contemporanei di Truman Capote quando uscì il suo libro. Poterlo leggere a sangue almeno tiepido.

Lo compro a Napoli, entrando in libreria vestito di tutto punto da Onorio Longhi – architetto e poeta della seconda metà del Cinquecento, quindi calzamaglia, gilet in pelle, stringhini ovunque, capelli non corti – perché sono sul set di un film per girare la scena in cui l'Inquisitore mi tortura con una sorta di waterboarding *ante litteram*, volendomi far confessare a ogni costo l'omosessualità di Caravaggio, di cui sono caro amico assieme a Orazio Gentileschi e Costantino Spada.

Siamo in pausa. Pranzo. Cestino in camper. Ho ancora ventotto minuti prima della mia chiamata al trucco. Sarebbe vietato. Ma voglio quel libro per il viaggio in treno di stasera verso Milano e mi scoccia mandare uno di produzione. C'è un limite anche alle emergenze di un attore.

Ecco che dunque l'inappuntabile Onorio Longhi – attualizzato solo da una vistosa mascherina chirurgica azzurra, che l'incorruttibile covidmanager ci impone inseguendoci minacciosa – passa le maglie non strettissime della sicurezza di un set in centro a Napoli. Il mio trucco improvvisato è sussurrare a chiunque incontri: «Scusa, cerco la covidmanager». È un lasciapassare naturale. È una figura diventata mitica nel giro di un quarto d'ora, come solo su un set può accadere.

Sempre mascherato entro in libreria, lo agguanto da una pila di invitanti libri bianchi Einaudi, e sono alla cassa.

Il libraio mi squadra chiedendosi quale locandina di quale manifestazione o sagra locale in costume probabilmente affissa da lui stesso si stia dimenticando, ma infine deve arrendersi: «State girando un reality?» mi chiede curioso.

«No.» Questa è facile.

«Che è allora? Un documentario?»

«Ehm, no.» Questa in realtà è già più insidiosa: «È un film per il cinema, in costume, però è una storia vera. Gli abiti sono precisi dell'epoca, i fatti realmente accaduti, a tratti è un crime perché ci scappa il morto, i quadri sono quelli veri di Caravaggio; però no, non si può dire che sia un documentario. Anche se però ricostruisce la realtà. La vogliamo chiamare docu-fiction d'autore?».

«Faccia lei. Qui son ventidue euro. Intanto paghi il

libro, poi quando capisce come mai è agghindato a 'sta maniera, torna e ci fumiamo una sigaretta. Lei sarebbe?»

«Onorio Longhi.»

«Pino. E questo invece è lo scontrino.»

«Certamente. Mi scusi moltissimo. Accettate scudi o dobloni?» E ci metto un po' a capire che Pino non ha voglia di scherzare, quindi aggiungo: «Altrimenti ho la carta».

Torno di corsa dalla Santa Inquisizione per andare a farmi affogare in una gigantesca tinozza fino a fine riprese. Poi Lagioia in treno.

Come si racconta una storia così conosciuta come il caso Varani di cui molti hanno un'opinione formata di recente in tv e online? Come si narra l'attualità abitandola, interrogandosene, ma rimanendo letteratura? Come si tratta la materia viva della vera cronaca nera? Come si gestiscono le ferite fresche dell'inconscio comune?

Un po' amo il genere; un po' mi piace Lagioia, conosco soprattutto i suoi primi libri, è un romanziere in cui sento l'urgenza; leggo rapido godendo parecchio; sento spesso quel sapore in bocca, senza nome, che ti fa rileggere e ammettere bellezza. Soddisfatto.

Lui può scegliere tutte le parole che vuole, questo glielo invidio. Può portarmi lì, decidere cosa mostrarmi, in quale ordine, muove la mia visione, è lui la telecamera. Noi abbiamo i testimoni in carne, ossa, voce, muoviamo lo spettatore e lo portiamo per mano, ma non siamo sul luogo del delitto, non possiamo muoverci liberamente lì in mezzo, siamo sempre nel racconto del già avvenuto, non possiamo avvicinarci tanto quanto la lingua può assecondando la propria fantasia. Perché l'immaginazione è di gran lunga più potente dell'immagine. Noi siamo dopo, Lagioia può provare a collocarsi durante, nel momento, nell'atto.

Infine ammetto che ho un debole personale per tutto ciò che sono atti originali allegati, deposizioni, sentenze, intercettazioni, mail inviate, scritture altrui, esterne all'autore. Anche quando avviene nei romanzi. Mi sembra sempre di spiare. Mi piace sentire la lingua dei carabinieri che redigono un verbale, la scrittura tecnica dei dottori, quella degli avvocati negli atti d'ufficio, quella dei messaggini privati, la lingua della giustizia che pare di per sé prendersela comoda e girarci intorno con parole astruse, ma in realtà sta combattendo per una prosa inequivocabile. O così dovrebbe essere. Amo le sgrammaticature, le sviste, i lapsus della prima stesura.

Mi piace riconoscere la pluralità delle lingue scritte, perché non ne esiste una unica e immodificabile, e nemmeno una classifica di qualità oggettiva. È sempre una scoperta. È anche in questo scegliere ogni volta le parole, che ci definiamo.

25
Uscire

Dopo Natale, ma appena prima della fine dell'anno, la docuserie *SanPa* viene rilasciata in centonovanta Paesi, molti dei quali in lockdown a causa del virus. È il 30 dicembre 2020.

Mi sa che è la prima volta che scrivo un prodotto televisivo seriale che viene messo a disposizione del pubblico in un unico rilascio. È molto diverso. Se va in onda solo la prima puntata, intanto, i critici e gli stessi autori hanno la possibilità di sperare o addirittura lavorare sugli episodi successivi, il parere può essere parziale, può prevedere una rettifica, una seconda possibilità. Ma se la pubblicazione avviene in una botta sola, no. Il prodotto è quello. È come un debutto a teatro. Anzi no, perché il debutto dal vivo si sa che può essere acerbo e lo spettacolo col tempo migliorerà, è inevitabile; di nuovo la critica può chiosare "torneremo a vederlo a fine stagione". È come un film in sala, ma è in tv, e dura cinque ore. Non essendo nei cinema, teoricamente, tutto il mondo può averlo visto già cinque ore dopo il suo rilascio.

Non c'è che aspettare. Però è più come aver mandato una mail al mondo, che non una lettera affrancata o una VHS con le Poste.

Ho regalato Netflix a mia mamma per Natale. Per darle la possibilità di vedere *SanPa*. Ma le ho detto: «Così puoi finalmente vedere *The Crown*».

Mi chiama allarmata una notte.

«Senti, Pepe, sul Netflix ho visto che c'è anche il tuo documentario, quello sui drogati.»

«Brava, mamma, impari a muoverti nella piattaforma. Hai iniziato a vedere la regina Elisabetta?»

«No. Non ancora. Le storie delle mie coetanee mi annoiano. Se voglio sentirne una, mi basta andare a messa.»

«Ma questa è la regina d'Inghilterra!»

«Non ti credere che a Porta Venezia abbiamo storie meno intricate. Ma ti chiamavo per *SanPa*. Ho visto che le puntate sono sei.»

«Cinque, mamma. Son cinque episodi.»

«No, ce n'è un'ultima, c'è anche la tua foto in copertina.»

«È un'intervista quella, è il "Why I made", è un contenuto extra.»

«Be', io non lo so cosa sia e come si chiami, ma visto che te sei dentro nel Netflix, potresti mica chiedergli di togliere il tuo faccione che le mie amiche mi stanno chiamando per dirmi: "Non sapevo che anche tuo figlio si drogasse e fosse di San Patrignano. Pora stella. Ecco perché ha fatto il film! Adesso si capisce".»

«Mamma, è un video di otto minuti e il titolo è "Perché l'ho fatto".»

«Appunto. Perché hai confessato?, viene da chiedersi.»

Ci siamo sentiti più del solito durante questo lockdown, mi raccontava delle sue piccole fughe da mia sorella maggiore che a ragione si preoccupa, la controlla e spesso la sgrida.

«Ho capito che c'è il Covid, ma io metto su due mascherine e faccio quattro passi da sola; il dottore ha detto che mi fa bene. Non parlo neanche con gli sconosciuti. Non do retta a nessuno.»

Cosa vuoi dirle? Adesso ti incateno come una drogata di aria fresca?

«Mamma, è solo che sei più a rischio per l'età: non leccare i pali della luce e non farti beccare da Maria Luisa» non ho altro da consigliarle. Mia sorella è più brava.

Non che io la pressi, mia mamma, ma intuisco che stenta a vedere *SanPa* e questo la imbarazza un po'.

«Ne guardo una puntata, a volte mezza, la sera, quando sono più tranquilla. Tanti pensieri assieme, Pepe.»

La capisco bene, le dico più volte di lasciare stare, ché mica è la scuola dell'obbligo. Aveva meno di quarant'anni e già tutti noi cinque figli al tempo dei fatti; l'ha vissuta alla tv con le angosce di una madre e cinque adolescenze sfasate di due anni, miste nel genere e direi in ogni cosa; è stata fortunatamente risparmiata dall'eroina in sé, ma non da tutto il resto. E poi ai tempi c'era mio padre, è normale che stando in casa il ricordo ti sovrasti e ti manchi la sua voce, quando va bene.

Io credo che sia importante rivivere quella storia proprio per chi l'ha vissuta sulla propria pelle e ha cercato di rimuoverla, come la maggior parte di noi. Però sui tempi non sindaco, possono volerci anche anni, ognuno deve farlo quando è pronto e lo desidera. È come il coming out.

Due anni e mezzo per immaginare, scrivere, realizzare, riscrivere, montare, confezionare *SanPa*. Senza poterne parlare con nessuno fuori dal gruppo di lavoro per il doveroso *agreement* di segretezza. Quando esce *SanPa* mezzo mondo è in lockdown e io sono in quarantena volontaria per essere entrato in contatto col Covid su un set. Dieci giorni in 8,42 metri quadrati di spazio vitale, il mio fidanzato al di là della porta che ci separa quando parliamo schiena contro schiena seduti a terra come due galeotti molto sexy.

Sexy? Tanto non c'è possibilità di verificare o smentite. Il cibo mi viene passato su un vassoio pieno di post-it buffi tipo: "Mangiami solo alla fine" o "VELENO! Usare con parsimonia". Mia mamma che mi chiama per dirmi «stai attento» e io poi resto per ore con in testa l'assurdo quesito. "Ma attento a cosa, che sono chiuso in camera mia?!"

"Tu stai attento che non si sa mai" la sento insistere nella mia testa. "Stai attento e basta."

Nulla di particolarmente tragico o difficile, la maggior parte del Paese sta peggio, fra lockdown e malattia. A portata di mano ho i miei quattro taccuini di *SanPa*, quale compendio mnemonico alla massa di articoli, post, opinioni che la rete e la stampa creano a ciclo continuo.

L'imponente reazione, ammetto, non ce l'aspettavamo così imponente.

Da un lato si riaccende il dibattito su Muccioli, San Patrignano, la droga, fino a dove è lecito spingersi per interrompere una dipendenza, il bisogno dell'uomo forte, i metodi da "buon padre di famiglia", l'assenza dello Stato; in buona sostanza su tutti i temi di *SanPa*. Esplodono memorie, riaffiorano fatti e misfatti, forte è il bisogno di chiunque di dire la propria, «finalmente», «io c'ero». Ci scopriamo simili nella rimozione collettiva, è come se la diga non tenesse più, all'improvviso l'onda di *SanPa* nel travolgerci ci fa riconoscere immersi tutti nello stesso liquido. Per giorni si riesce a parlare nel merito, a riaccendere fiammelle fertili, a sentire parole importanti; poi inevitabilmente una piccola parte, con la politica che soffia colpevole e forte pur di accaparrarsi qualche voto nostalgico, si sgancia e torna al dibattito come se si fosse imposto il fermo immagine a una VHS il 19 settembre 1995, nell'istante della morte di Vincenzo. E poi via a riposizionarsi su due barricate, non voler ascoltare, rinfacciarsi pregiudizi, col grande rischio, o obiettivo raggiunto, d'insabbiare di nuovo tutto.

Urla e clima da insulti, sciacalli, l'avete santificato, solo le ombre, troppe luci, era un santo, era il demonio, voi chi siete, occasione sprecata, perché non avete intervistato i morti? Per fortuna una reazione minoritaria e alquanto prevedibile, ciononostante spiacevole. «Collina della salvezza o lager sono la stessa logica, quella dell'ignoranza» dice Cantelli quando incontra ottusi esponenti di questi opposti schieramenti.

Dall'altro, per me meno prevedibile, improvvisamente si parla di docuserie, di documentari, di documentari a episodi. La critica è parecchio favorevole, il complimento più doloroso anche se purtroppo tutt'altro che indesiderato è «non sembra un prodotto italiano, per una volta non ha nulla per cui sentirsi inferiori». Al di là dei piacevoli apprezzamenti trovo fertile il fermento che nasce attorno alla possibilità di raccontare storie italiane, del nostro passato, vere, emblematiche, potendole approfondire, senza dover abdicare come sempre davanti alla complessità.

Già nei primi giorni, *SanPa* va a toccare nervi scoperti, solleva tappeti nazionali, mostra polveroni che è impossibile aver dimenticato e che rendono inevitabile chiedersi cosa sia successo. Cosa abbiamo vissuto tutti assieme che poi abbiamo fatto finta non fosse vero, ci siamo raccontati che non fosse più un nostro problema, accordandoci su un oblio di gruppo, comunitario, complice?

Al settimo giorno di lockdown mi annoio. Moreno è uscito e io son stufo. Chiudo la porta a chiave affinché mi sia molto chiaro che di uscire non se ne parla. Mi siedo a terra, mi immagino la porta sprangata dall'esterno, la stanza più piccola, le distrazioni al minimo, il cibo razionato, la testa confusa da un'astinenza forzata, una rabbia generica che spinge senza sapere che strada prendere. Appoggio la schiena alla porta, triste. Fossi uno di Sanpa come chiederei la mia liberazione? Cosa sarei disposto a dire? A barattare? Ad ammettere? E lo dico. Come un attore che prova la parte, i vari stati d'animo, i crescendo, le arrese, le disperazioni, i cambi improvvisi. E busso alla mia porta, e urlo a mezza voce, e grido forte ma subito mi impongo la calma. È angosciante non poter disporre della propria libertà di movimento. È un malessere che aumenta, all'ennesima potenza, inesorabile. Se all'inizio anche un "domani ti veniamo a prendere" può sembrare sufficiente, col tempo che passa e la cognizione che si perde, anche due ore possono sembrare troppe. Altre due ore. Centoventi minuti. No.

«Tiratemi fuori da 'sta cazzo di stanza!» urlo a pieni polmoni. «Spacco tutto, saranno cazzi miei perché mi drogo!»

«Ma sei scemo, Carlo?» mi sgrida Moreno, evidentemente tornato a casa all'improvviso. Mi riprendo.

«Che c'è? Stavo provando... ho un provino giovedì...» invento a mia discolpa.

«Provavi a fare il tossico disperato che urla perché incatenato ma vuole una dose? Avete venduto la fiction alla Rai? Ti è sembrata una buona idea gridare come una lepre scuoiata alle undici del mattino?»

«Ma non si sentiva. Avrò fatto due urletti... poteva sembrare una litigata...»

«Sì, ma con un pusher armato! Ti si sentiva dall'ascensore.»

«Comunque sei il primo che viene, se fossero state urla così strazianti avremmo dei vicini di merda.»

«O forse sanno che sei un deficiente. Smetti che facciamo prima» ha chiuso lui.

Mi è sembrato saggio obbedire. E mi son messo a scrivere.

Voci dall'altra parte.

Vaffanculo, vaffanculo, vaffanculo, aprite questa cazzo di porta e fatemi uscire! Vi conosco tutti, quando esco vi faccio ammazzare uno per uno, con i ganci del macellaio! Antonio, so anche dove abita tua sorella. Non potete tenermi chiuso qua dentro!

Non voglio drogarmi, non ci penso nemmeno, non voglio scappare. Se mi fate uscire, giuro, prometto, vi assicuro che non scappo. Torno a fare quello che facevo prima.

Lo so che sono sempre scappato. Lo so. Non mi credete. Fate bene.

Fate bene a non credermi, cazzo se fate bene. Mi fate

schifo, se esco di qui non solo me ne vado di corsa, ma torno con la benzina e vi guardo bruciare, voi e la vostra vigna di merda! Siete tutti morti, tutti mortiii!

Vi prego, non ce la faccio più, vi prego, aprite, abbiate pietà, ho fallito, non ce l'ho fatta. Non ho le palle. Siete migliori di me. La chiusura non fa per me.

Se non aprite mi ammazzo fracassandomi la testa contro il muro, lo volete capire? Se muoio qui dentro vi vengono a prendere i carabinieri. Sequestro di persona. Volete essere complici? Aprite questa cazzo di portona!

Ho cambiato idea, lo so che abbiamo fatto un patto, che mi avreste chiuso e trattenuto, lo so che l'ho detto io, anzi l'ho chiesto io. È vero, l'ho chiesto. Ma ho cambiato idea. Sto impazzendo. Non ce la faccio. Farò il bravo. Niente più cazzate. La smetto di fare il pazzo. Mi sono calmato. Ma devo uscire di qui, subito, perché altrimenti impazzisco. Dài, dico sul serio, non fa per me. Ero drogato quando vi ho detto che potevate chiudermi. Che dovevate chiudermi se volevo scappare. Ero drogato. Non vorrete credere a un drogato, vero? Chi cazzo crederebbe a un drogato? Infatti adesso non mi credete e allora perché cazzo vi impuntate però a credere a quando vi dicevo: «Legatemi! Fatemi qualunque cosa!», perché? O sono un bugiardo o non lo sono, perché essere un bugiardo solo quando non vi do ragione mi sembra una puttanata. In tutta onestà ho cambiato idea. Pensavo di farcela e invece no, dovete farmi uscire. Vi ascolterò. Ascolterò ogni vostra parola. Ma devo respirare, vedere la luce, mi sto grattando via la faccia, dài, su, fatemi uscire, vi voglio bene lo stesso. Non sono arrabbiato. Lo sentite anche dalla mia voce di adesso. Non sono incavolato per nulla.

Sono tranquillo. Fischietto, se volete. Non ho nemmeno bisogno di grattarmi. Fischietto.

Ehilà? Mi sentite? C'è qualcuno al di là di questa porta? Qualcuno mi risponda. Ditemi qualcosa!

Va bene, ve l'ho chiesto io ma scherzavo, porca troia, non si può neanche scherzare? Dài, su, non fate gli stronzi, aprite 'sta porta adesso! Non è un metodo, questo!

E va bene: sono una merda. Lo volete sapere? Sono una merda che abbandona, mi arrendo, basta, non voglio più smettere, ho deciso che voglio farmi le pere. Sempre e solo le pere. Evviva le fix, la piazza, la roba! Aprite la porta, non sono più dei vostri, non faccio parte del gruppo, non mi interessa diventare angelo custode, esempio di 'sta cippa, non voglio un settore tutto mio; me ne vado. Non mi interessa più un cazzo di voi, non credo in nessuna delle stronzate che ci siamo detti attorno al fuoco, la fratellanza, la sorellanza, il patto, la rinascita, il nuovo mondo, il per sempre. No, non ne voglio più uscire, non mi interessa ricominciare, se anche una nuova vita è possibile ve la lascio a voi, io ho altri programmi per me. Ricomincio. A farmi. Visto che vivo nel tunnel della droga, ho deciso di arredarlo. Stare più comodo. Non sto cercando più l'uscita. Voglio essere un tossico. Si potrà cambiare idea, porco cazzo?! Pensavo di smettere, sono venuto qui con le migliori intenzioni, ho fatto tutto, non vi ho preso in giro, sono stato onesto, ci credevo, ho anche promesso che potevate chiudermi, adesso ho cambiato idea. Sono lo stesso che vi ha detto di sì e che ora vi dice di no. Basta così, torno a casa mia. Non fa per me.

Che vi costa? Che vi frega?

Cazzo, potrò tornare a casa mia o no? Mi manca, casa

mia, la mia mamma, il mio papà. Ci sarà uno di voi con un briciolo di pietà? Aprite 'sta merda di porta. Qualcuno chiami la polizia!

Ci dovrà pur essere una parola di sicurezza, no? È come quando fai sesso estremo, che ti fai picchiare e legare, io ti dico che mi puoi fracassare i genitali ma se dico tre volte la parola "accendisigari" significa stop! Cristo santo! Tutti i giochi hanno una parola di sicurezza. Vi siete dimenticati di dirmi la parola d'ordine per uscire, bastardi?

Sarò libero di decidere della mia vita? È morta la democrazia durante la notte? E se morite tutti domattina per un'intossicazione, chi mi apre a me? Chi?! Ci avete pensato? Ci avete pensato alla responsabilità che avete?

Ragazzi, davvero, non potete tenermi chiuso qui dentro per settimane. Saranno fatti miei se voglio ammazzarmi? Sì, voglio morire. E allora? Chi siete voi per dirmi di no? Non vi conosco. Mollatemi. Ho sbagliato strada quando sono venuto quassù credendo di voler smettere. Ma a me il mondo fa schifo. Anche questo. Ma vi siete visti? Siete pazzi. Salvarci. Ci volete salvare. Ma chi ve l'ha chiesto? Se volevo essere salvato secondo voi mi facevo in vena? È l'eroina che mi salva, nient'altro! L'eroina è la vita. L'astinenza è la morte.

Ascoltatemi, parlo pacatamente, io lo so che per tanti ha funzionato, che rimanendo chiusi si ha una trasformazione, che ogni cosa si scioglie, ma qui non sta funzionando per una minchiaaaa! Fatemi uscire! Teste di merda.

Certo che funziona 'sto metodo, uno impazzisce e quando esce che cazzo gliene frega della roba, pensa di essere una zucchina e chiederà in giro dove si può essere trifolati. Che male c'è se io preferisco la piazza e i miei giri?

Sono una zucchina, giuro, mi sento zucchina. C'ho un fiore grosso così! Aprite, abbandono. Sono una zucchina, vado in piazza e mi pianto in un'aiuola o comunque faccio quello che fanno tutte le zucchine in piazza.

Credetemi: mi hanno raccontato di chi rivede la propria vita, di chi sceglie i pezzi migliori, di sentire la vita che torna piano piano, ma sappiamo bene che non funziona sempre. Non funziona. Aprite. Piango, muoio, impazzisco, mi avrete sulla coscienza.

Ma poi, dopo non so quante dozzine di giorni di chiusura, avvenne ciò che si raccontava avvenisse a volte. Non mi sono mai più drogato, tranne il limoncello. Grazie a tutti, grazie di aver resistito con me, scusate le parolacce, non volevo.

«Fu piuttosto una sensazione di calore e di serenità, come un motore a scoppio che parte a poco a poco perché c'è qualcuno che dà una scintilla. Era la vita, la voglia di diventare concorrenziale con le mie stesse angosce fino a negarne l'esistenza. Le angosce dei tossici appartengono a un tipo piuttosto particolare: per anni credi di rimuoverle con le sostanze, ma in fondo sono le stesse angosce che assalgono tutti. Quando abbandoni la roba devi fare lo sforzo di imparare a conviverci, poi entri in confidenza con loro, riesci quasi a decodificarle, ad accarezzarle, a smontarle e a metterle in tasca per qualche ora, perfino per qualche giorno. Sai che ci sono, ma le hai disattivate per un po'. All'inizio tornano fuori improvvisamente magari mentre ti stai per sedere a tavola, poi con l'allenamento impari a renderle innocue.

A questo punto cominci a fare ordine nei tuoi vuoti. Cominci a riprendere in mano i moncherini di un'antica identità. Cominci a scegliere quali trapiantare e quali buttare. Questo fu un problema enorme. Era una specie di trapianto del passato nel presente, per ricostruire un futuro. È difficile descrivere quello che mi accadde in quei giorni. In seguito, parlando con altri ragazzi e ragazze, seppi che tutto ciò era accaduto in modo più o meno simile a quasi tutti.»

Eccolo, Gaspare Virzì, ecco le sue parole sul coraggio di uscirne.

Fra le cose che nel suo libro spiega, sulla psicologia della comunità, si sofferma anche su una sorta di mitologia comune, o mitologia di comunità: la narrazione orale delle esperienze, in questo caso la "chiusura" come miracolo che si è compiuto più volte in modo più o meno simile a quasi tutti. Si ha la sensazione che si tratti anche di una sorta di costruzione di un Pantheon, i nostri santi tossici, quelli che ce l'hanno fatta, gli esempi viventi nella comunità stessa. Per avere degli eroi riconosciuti ai quali potersi ispirare. Oltre all'immaginetta di Vincenzo che campeggiava incollata sopra quasi ogni posto letto, si assolveva al bisogno di avere anche dei santi più laici, più prendibili, più simili a noi.

Quanto bisogno che abbiamo di sentirci parte di un racconto comune. Condividere un passato. Avere riferimenti che valgano per tutti. Metafore. Miti. Narrazioni. Ricordi. Storia.

Anche questo credo sia uno dei motivi per cui ha senso fare documentari. Ricordare il passato, tornare a tramandarselo, riaprire una storia-ferita per spurgare i canali incrostati del dialogo fra generazioni. Anche solo per dirsi com'era, come la si pensava, come la si pensa ora, come la pensa chi ai tempi non c'era. Per far sì che un passato ridiventi presente e faccia anche da collante. Da specchio. Da parabola. Da esempio. Da argomento. Un vissuto comune, un luogo dal quale si viene tutti ed è dunque bene che sia risaputo, detto, discusso, in luce, chiaro. Chi siamo? Perché facciamo quel che facciamo? Cosa abbiamo passato? Cosa ci accomuna? Le guerre, la lotta di Resistenza, Aldo Moro, il Mundial dell'82, il rigore di Baggio, forse l'allunaggio? L'11 settembre delle Torri Gemelle, il cancro come malattia indicibile, l'AIDS? Il Capodanno di fine millennio, internet, un virus, l'energia elettrica, la paura dei ragni?

26

Dialogo fra generazioni

L'ultimo appunto del mio ultimo taccuino recita: "Cantellicafé. Rivincita".

Per molti anni, e piacevolmente tuttora, mi hanno fermato per strada all'urlo di «Olmo!», il personaggio di una sketch-com della quale ero anche autore e che ho interpretato per sei stagioni – *Camera Café* – per dirmi: «Grazie, Olmo Ghesizzi», che poi era quasi un: "Grazie di essere passato da casa nostra a sparare due cazzate indossando improbabili camicie hawaiane". Perché la televisione, almeno quella generalista – lo dico per i più giovani –, faceva e fa quell'effetto lì, di qualcuno che ti entra in soggiorno, che ti parla mentre mangi, che lentamente conosci come se diventasse un tuo amico intimo, anche se lui non ti conosce per niente, e questo infatti crea buffi cortocircuiti quasi ogni volta.

L'altro giorno mi scrive un quarantenne sconosciuto su un social: "Olmo, grazie, il tuo più bel regalo è stato portarmi a casa Fabio Cantelli. Io lo vorrei in salotto o all'ingresso di ogni palazzo. Lì, che si pettina i capelli con una mano e ti spiega la vita, magari anche in camicia hawaiana".

Così come i libri una volta pubblicati, anche le docuserie appena rilasciate vivono di vita propria e non ti appartengono più, che tu sia l'autore, il regista o il produttore; ora sono di tutti. Sono figlie in cerca della loro strada. Scrivere una docuserie è come lanciare una pietra in uno stagno e poi stare a guardare i cerchi che si allargano fino a raggiungere tutto o anche solo qualcosa.

Già durante i suoi primi passi nel mondo *SanPa* mi culla con questo pensiero: indagare in profondità una storia locale e renderla una narrazione globale che tocca e riguarda ognuno, aiuta a sentirsi parte di una comunità che si estende oltre i nostri confini nazionali, parte di un tutto.

È il mio compleanno e Moreno, assieme al plico di giornali cartacei, che preferisco alle recensioni online a causa – e anche per foraggiamento – del mio fastidioso vizio all'accumulo, mi regala un libro. *L'arte di legare le persone.*

«Cos'è? Un saggio su Muccioli appena uscito?» Non riesco a non scherzare. Ora mi vergogno un po' di questa mia sminuente semplificazione.

«È appena uscito, non c'entra nulla con Muccioli, è di Paolo Milone, uno psichiatra in pensione.»

Non lo conosco, Paolo Milone. Questo è il suo primo libro. Adesso, scrivesse anche solo poesie sui muri, andrei a visitare quei muri per avere il privilegio di leggerlo al più presto. È un libro stupendo sulla malattia mentale, la cura, il fermarsi prima della soglia. Ma ciò che mi ha stupito è quando nel capitolo cinque mi spiega pure che venticinque anni fa quello che cercava di dirmi mio padre forse era che Dio bada alla sostanza.

«La smetti di chiedere la carità truffando i passanti?»

«Ma come, doc, io offro la possibilità di andare in paradiso dando uno spicciolo.»

«Carmelo, se Dio bada alla sostanza, chi dà uno spicciolo a te per l'eroina va all'inferno.»

Leggo pagine incredibili, dense. Più volte ho la sensazione di essere accompagnato verso quel conturbamento di cui già parlava il cardinale Tonini e poi Cantelli riguardo all'occuparsi di tossici o malati mentali. E mi chiedo, forse ormai deformato professionalmente senza rimedio, quale sarebbe il miglior modo per raccontare quarant'anni di psichiatria e le migliaia di storie di chi è passato da una parte o dall'altra della linea della cosiddetta normalità, tutt'altro che retta e certa.

Carlo, credi che il modo più giusto sia la docuserie? Magari in più stagioni? Tre stagioni: prima, durante, dopo la legge Basaglia? *The Basaglias*. Già pronto il titolo?

No, mi sa che qui vincerebbe la poesia di chi l'ha attraversata interrogandosene per molto tempo e ampio spazio, anche interno. La profondità dell'arte di legare di Milone è inarrivabile in altre forme. Poi, è ovvio, si può sempre scegliere di scandagliare altre profondità.

Ogni storia deve trovare il proprio approdo narrativo, difficile stabilirlo a priori.

«Non esiste una tecnica per cogliere la verità, esiste una questione morale» diceva Roberto Rossellini. Le ho scoperte tardi, queste dodici parole in fila, dette da uno dei padri del Neorealismo italiano. Ora so che mi avrebbero risparmiato parecchie domande, anche se sono abbastanza soddisfatto delle risposte.

È che quando certe cose sono chiare, mi spiace che nessuno ce le abbia insegnate o che fossi disattento quando le disse. Tramandarsi le cose mi ha sempre dato l'idea di un gran risparmio di tempo o un'amplificazione di quello limitato che abbiamo. Un'economia di scala che parte dalla notte dei tempi. L'ho studiato, l'ho verificato, lo scrivo per chi verrà, così loro potranno studiare altro, andare avanti da dove siamo arrivati noi. Questo è il senso dello stare insieme, o no?

A un convegno sul Terzo Settore al quale mi invitano per parlare di *SanPa*, mi introduce uno storico che afferma: «Ormai la docuserie *SanPa* è una fonte». Che bella parola – fonte – per dire che servirà ai prossimi per togliersi dei dubbi, per appagare la sete di conoscenza, come un cavo di trasmissione anche fra generazioni che non si incontreranno.

Infine, non c'è nulla come leggere il libro di Milone sulla mente umana e le scienze che la studiano e coloro che le praticano sul campo per ricordarsi di quanto ai tempi di Muccioli – in maniera ancora più radicale proprio all'interno di San Patrignano – venissero denigrate e ridicolizzate.

La ricordo come una questione anche casalinga, quando ero giovane: un po' per abitudine, un po' per paura, tantissimo per il cattolicesimo, lo psicologo era reputato più contiguo allo stregone che al medico. «Lo psichiatra è il medico dei matti, è pericoloso, se ci vai la tua pazzia è conclamata, vuol dire che non ce la fai da solo, le persone parlano e la voce si sparge rapida; non ci andare!» Pregiudizi profondi che durano ancora oggi. Devo dire che spesso, proprio quando si parla di malessere generalizzato, di psicofarmaci ormai più diffusi del mais, del perché le droghe siano aumentate anziché diminuite dopo l'ondata tossica degli anni Ottanta, viene da pensare che ci sarebbe un gran bisogno di porsi domande sul proprio umore e i propri pensieri e la propria testa. Studiamo nei minimi dettagli l'apparato digerente e a ogni apparente sintomo corriamo dal medico per farci prescrivere la pillola giusta; lo stesso vale per la maggior parte del resto del corpo. E il cervello? La mente? Mi vien difficile reputarli poco importanti. Eppure pare che per molte persone occuparsene sia da pazzi. Capire come ragioniamo, farci aiutare tutte le volte che entriamo in dei loop tossici o comunissime depressioni, quello no, è già pericoloso ammetterlo, figurarsi andare da uno specialista. Ogni tanto sogno un esperimento in cui si regali un periodo di psicoterapia a tutti, obbligatorio, come fosse un vaccino contro la pazzia. Preventivo. Un'introduzione.

Mi fa molto piacere leggere un articolo che trovo online firmato dal nostro Montecchi, che scrive, fra i molti temi che riguardano sue competenze specifiche: «A me sembra che il documentario *SanPa* stia funzionando come l'opera teatrale *The Brig* del Living Theatre, che mostrò il funzionamento di una istituzione totale, in quel caso una prigione, sospendendo il giudizio. Lo spettatore vedendo la messa in scena non aveva bisogno di guide o di voci fuori campo, capiva da sé il funzionamento di tale istituzione». Mi sento rincuorato nell'intuizione che forse l'unico altro modo sarebbe stato quello del rito teatrale con la sua antica catarsi in presenza.

Che sia vero o al limite dell'autofiction è indifferente, io so che è vero, voi fate benissimo a non credermi, non cambia nulla. A marzo del 2021 ho incontrato per caso in un paese sul lago Maggiore NinoPanino. Lui. In piedi. Sciupato. Ma vivissimo dietro il bancone di un locale anche suo.

«Se la metti in una sceneggiatura, questa cosa, non è credibile.»

«Ma è successo!»

«Appunto. La realtà è molto più incredibile della finzione. Non la mettere.»

Era NinoPanino o era il fratello gemello. Sono andato a guardarlo così da vicino che poi gli ho dovuto una spiegazione.

«Che cazzo vuoi?»

«Mi sa che noi ci conosciamo.»

«Guarda, io non guardo *Camera Café*.»

«Cosa c'entra?» Cerco di interpretare il suo cortocircuito. «Se anche l'avessi guardata, non è che io posso vedere nelle case di chiunque attraverso lo schermo. Faccio solo l'attore. Non sono nemmeno lì in quel momento. Comunque sto parlando della fine degli anni Ottanta. Tu sei Nino.»

«E tu che ne sai? Qui mi conoscono tutti, ma tu non sei di qui.»

«Quando io ero bambino tu stavi a Milano? Nel 1985... 1987?»

«Certo. Che ci dovevo fare qui sul lago a vent'anni?»

Ovviamente non ricorda né me né mio padre né il nome Panino. Perché mai dovrebbe. Ma è lui e ha visto *SanPa* in tv. A riconoscimento avvenuto sono passato da "televisivo di merda" a uno che "ci sta dentro, dài". Mi ha offerto una birra, ho accettato solo facendogli giurare che il secondo giro fosse a carico mio. Ci siamo sbronzati nel continuo tentativo di concludere a un numero pari.

Mi ha detto: «Son stato contento di raccontare tutto ai miei figli. Prima non sapevo come iniziare a parlare di un altro mondo; senza le immagini non è mica facile. Mio padre è morto da molto, ma mia madre c'è ancora. L'abbiamo guardato tutti assieme. Cinque puntate in due serate. Abbiamo pianto più che per *Titanic* e "Rocky quattro", giuro. E io a Sanpa non ci sono mai stato. Ma i tossici sono tossici ovunque nel mondo. È la storia di tutti. Me lo stavo quasi dimenticando. Avete fatto una cosa utile. Avete reso giustizia a un sacco di drogati che non si inculava più nessuno da un sacco di tempo».

«Sai di cosa sono contento io, Nino?» Ci penso un attimo, ma poi glielo dico. «Che non sei morto. Perché un giorno sentimmo un'ambulanza sotto casa, a lungo, lampeggiava. Abbiamo chiesto a mia mamma se potevamo affacciarci e così abbiamo assistito al caricamento di un corpo immobile. Un giovane, quel giovane, quello che è sempre qui a chiedere mille lire per la droga, dicevano tutti. Per noi quello è stato il funerale di NinoPanino. Ti chiamavamo così da anni. È stato un giorno triste, eravamo sicuri fossi tu. Nessuno di noi ti ha mai più beccato in giro. Tu sei il primo cadavere che ho visto dal vivo. Dal balcone dell'ottavo piano, ma davvero. E invece sei vivo.

Lo devo dire ai miei fratelli. Son trent'anni che ci raccontiamo una storia non vera ma che abbiamo visto coi nostri occhi.»

Una cosa mi ha stupito, sopra tutte, perché non me l'aspettavo, non ci avevo pensato. È questa visione comunitaria, a cui fa cenno Nino, ma poi saranno tanti a confessare soddisfatti. Famiglie riunite davanti al focolare moderno dello streaming, madri e figlie; nonni, bisnonne e generazioni a scalare sullo stesso divano. Mio nipote mi confessa: «Zio, noi ci abbiamo messo undici ore a vederlo. La mamma stoppava e ci spiegava quello che "lo zio Pepe non ha spiegato bene"». Però ne era contento. «Non si parla spesso di droga in casa» mi ha detto. «È interessante sapere che anche i nostri genitori sanno cos'è e hanno un sacco di amici morti. Okay, adesso capisco anche la paura. Certo che se ne parla fra di noi a scuola, siamo mica stupidi. Però oggi è diverso.»

«Davvero?» lo interrompo.

«No, forse non così diverso, però sì, è tutto diverso.»

Riporto fedelmente, come un documentarista, non ho una mia posizione in merito.

27

Ma tu, zio, cosa hai scritto?

«Ma tu, zio, cosa hai scritto?» mi chiede con quel tono in cui "zio" sta a significare ciò che per i paninari era "matusa", un generico anziano che è arrivato a dar fastidio, da perculare, ché non capisce niente del mondo attuale; ma è furbo perché essendo lui in effetti mio nipote, non posso nemmeno offendermi o rettificare.

«E, zio, ti prego, non mi dire: non è facile da dire!» aggiunge allitterante cacofonico.

Però mi ha fregato. Perché non è davvero per niente facile da dire.

Per più di due anni mi sono chiesto cosa abbiano pensato, capito, vissuto e voluto fare le molte persone che orbitavano a vario titolo – e differente distanza dal centro – intorno alla fondazione e alla prima crescita di San Patrignano. E l'ho anche chiesto personalmente a chi si è reso disponibile alle nostre domande. Le abbiamo scelte mentre ci interrogavamo su quale fosse il modo migliore per far tornare in vita questa storia, richiamarla a noi tuffandosi dentro e cercando di modificare il meno possibile, ma rendendola narrabile, comprensibile e appassionante. Abbiamo escluso la voce narrante che suona sempre onnisciente e rischia di sviare, abbiamo deciso che ogni fotogramma che potesse in qualche modo c'entrare con la vicenda dovesse essere visionato da almeno due persone. Abbiamo dato un ordine, dei paletti, dei limiti. Abbiamo indagato più temi. Abbiamo identificato degli archi narrativi nei personaggi principali, secondari e nell'intera storia, e poi cercato di farglieli percorrere con domande mirate e interviste approfondite.

Prima, durante e dopo abbiamo scritto centinaia e centinaia di pagine, molte all'apparenza inutili, molte divertenti nella loro follia di far quadrare un discorso montandolo su carta.

L'abbiamo abbellita fotografandola bene? Resa epica? Forzatamente iconica? Forse la domanda è: chi si sarebbe mai guardato nel 2020 cinque ore di documentario su una comunità per ex tossicodipendenti degli anni Ottanta raccontato da tutti i punti di vista dei presenti?

«Io no di sicuro, zio, puoi starne certo.»

Quest'altro mio nipote, infatti, ne ha visti solo tre, di episodi, canaglia.

«Giusto?»

«No, poi ho finito di vederla. *Sul telefonino*» mi corregge.

E in una battuta di due parole sottolinea che dovremmo sempre ricordarci di come vengono fruiti i prodotti per cui tanto ci danniamo. Spesso su un minuscolo schermo in movimento, con ogni probabilità mentre lo spettatore sale in metropolitana, ascoltando con un unico auricolare, perché l'altro è condiviso col compagno di banco o vicino di casa. E come dargli torto se per lui va bene così?

«Quindi, zio?»

«È uno scrivere sull'acqua, un appuntare a mente, un accumulo, un provare a comprimere più informazioni possibili in sempre minor spazio per vedere se si spiegazzano troppo o troppo poco e allora decidere di tagliare per spiegarle meglio. È un eliminare, come nella scultura, è ciò che togli che racconterà ciò che resta: la storia che si trova incastonata nel metro cubo di informazioni, tra faldoni e hard disk di video e file. È un eterno riscrivere, cancellare strade percorse per illuminarne altre perché si popolino, è far incontrare memorie e narrazioni affinché abbiano un punto in comune che sia narrabile, a volte si tratta davvero solo di evidenziare gli snodi perché la storia è già lì, perfetta in quanto accaduta e ricordata da più voci. Questo ho fatto.»

«Figo. Ma è lunga come spiega, zio. Dovresti scriverci un libro» mi liquida il nipote.

«Eh, ci penserò.» Fatemelo almeno rendere un poco colpevole, 'sto nip, nippy, non so, non mi viene nessun dispregiativo per nipote; nipotaccio e nipotastro non valgono nel gergo giovanile, se vivi fuori da una sceneggiatura di Walt Disney o lontano da Topolinia. E poi dieci nipoti sono un certo numero, non posso inimicarmeli per un rigo o un appellativo estroso.

«Zio, scusa la domanda schietta, ma se non ci fosse stato Cantelli?»

«Avremmo continuato a cercare. Chissà chi o cosa avremmo trovato.»

Le poche volte che ho insegnato scrittura per sketch-com e per il piccolo schermo, ho sempre detto: «Lo sceneggiatore è Dio, in quanto onnipotente, inventa e si vedrà solo ciò che lui immagina, addirittura sceglie e mette in bocca a ogni essere parlante le precise parole. Ma questo porta con sé una grossa responsabilità. Non può mancare niente, il mondo dev'essere autosufficiente. Se non lo è, la colpa è di Dio, cioè nostra. Siamo dèi, ma licenziabili». Ora mi chiedo, se lo sceneggiatore di fiction è Dio, chi è colui che scrive docustorie? Di certo non è un dio onnipotente che inventa a suo piacimento, è più uno stregone, un medium, un alchimista. Non saprei. Me lo sto ancora chiedendo.

28

Mail mai mandata a M

Ciao Marco,

sono sempre stato più bravo con le parole scritte e allora provo a dirti due cose così. Ti amo.

Com'è possibile che questo sia un enorme macigno che finalmente mollo a terra invece che un urlo di gioia? Sai che sto tremando e starnutendo e quasi piangendo per aver scritto solo che ti amo? Come fosse un'allergia. E non siamo due ragazzini, non lo siamo più da un pezzo. Siamo uomini che decidono come stare al mondo. Se ce l'avessero raccontato da piccoli che avremmo dovuto lottare con ogni forza per dimostrare al mondo il nostro diritto di stare sempre assieme, ci sarebbe apparsa come la più straordinaria delle avventure, ci saremmo sentiti fortunati, più forti, invincibili. Fossimo stati sani, ci saremmo baciati.

E invece guardaci.

Terrorizzati, minuscolini, in preda al panico.

Lo posso dire, non lo posso dire, lo devo forse dire io per lui e sperare che l'odio del tradimento passi più in fretta dell'amore di ora che posso solo supporre?

È questo che non so perdonare alla paura omofobica, all'eterocentrismo di default, al sentirsi a lungo parte di una minoranza fallata: il furto dell'amore adolescenziale, lo scippo del sesso quando si è più giovani, l'intimità fra ragazzi e fra ragazze come scoperta fisica senza l'ombra di fanghiglia di preconcetti inventati e mostruosi. Perché è un'assenza che poi si sente, per sempre. Una nostalgia del non fatto, del non detto, quando invece andava detto e fatto eccome.

Il mio problema non è che sei sposato. Nemmeno che hai una figlia e un figlio. Càpita, anche se spiacevole e terribile. Quello che io mi chiedo sta prima. Non voglio la selezione all'ingresso delle sole persone risolte, ma non posso non sapere se ci vuoi provare o se è una violenza che non ti ammetterai mai. Se ti dirai per sempre "sarebbe perfetto" come se la tua unica vita fosse purtroppo di un altro.

Abbiamo passato tutti le varie fasi.

Dal "non ci credo" al "perché solo io?",

al "non deve saperlo nessuno",

al "posso convivere con le due cose, sono più forte, allora mi sposo",

al "è successo ed è stupendo, ti amo",

al "devo urlarlo, perché sono nato oggi!",

al "dovrei dirlo, non ne posso fare a meno",

al "sono frocio, sono gay, sono omosessuale, signora, ha sentito?!",

al "devo dirlo anche se davvero non interessa a nessuno dei presenti",

al "per fortuna che poi l'ho capito e l'ho detto, pensa che schifo altrimenti",

al "tutti devono avere la possibilità di viverlo liberamente, è troppo importante. Nessuno deve sentirsi solo".

Ognuno con i propri tempi, le fughe in avanti, le frenate imposte da delusioni fortissime. Non c'è niente di strano nemmeno nelle tue reazioni. Io ho pazienza, se ci diciamo che siamo in cammino, ma di dirci già ora sepolti sotto un tappeto in un armadio al buio non mi interessa, non fa per me, c'è troppa polvere, noia, si ride di rado.

Ti aiuto come vuoi, Marco. Ci sono. Ma devi deciderlo tu. Anche da drogato, ma parlando a te stesso, non a me.

Se vuoi che ci vediamo.

Prova a chiederti se mi ami, perché è subito chiaro che è diverso da una forte amicizia, mi manca parecchio, chissà come sta quel pirletta di Carlo. Si capisce nel tempo di un kebap, anche meno.

A volte è ammettere l'ovvio che ci fa scoprire quanto possa essere semplice... scrivere delle frasi di merda come questa!

Sai che forse non è mica tanto vero che son più bravo nello scritto? Temo sia solo una mia illusione, o forse è una speranza. In realtà mi difendo meglio dal vivo, nel confronto diretto, nell'esagerazione strabordante degli esempi gettati sul ring della discussione in carne e ossa, a voce alta, sbuffando in maniera dimostrativa, rischiando che si sfasci tutto. Infatti non te la manderò mai questa mail.

Quando mi manchi, non penso al ciuccio saltato fuori dai tuoi pantaloni davanti ai miei occhi, penso a quella volta che abbiamo fatto l'amore tutto il giorno, perché hai detto: «Se ho ancora voglia dopo essere venuto tre volte, vuol dire che sono proprio gay». A cinque volte, in quella giornata fatta di lenzuola, inseguimenti e toast e patatine mangiate in piedi in cucina, hai deciso: «Non è uno sfizio. Il mio corpo vuole fare l'amore con te, non posso oppormi. È così!». E poi ti sei pulito le dita leccandole tra l'allegro e l'ovvio, rassegnato ad accettare la tua inevitabile felicità. Quel sorriso mi manca.

Vorrei prenderti a pugni sulla faccia fino a farti sanguinare il naso.

29

Terreno comune

Tutti vogliono ristampare il libro di Fabio Cantelli. La spunta Giunti che a marzo del 2021 pubblica *Sanpa, madre amorosa e crudele*, ovvero l'originario *La quiete sotto la pelle* con l'unica aggiunta di un nuovo capitolo introduttivo.

«È un proemio!» mi annuncia Fabio al telefono soddisfatto. «Per il resto è identico, non ho cambiato una virgola.»

Ricordo bene il suo «non cambierei una virgola» detto a me a margine dell'intervista e a sé stesso al termine della rilettura notturna prima di raggiungerci a Rimini. Ma ora che quel condizionale da pianerottolo carbonaro è diventato un presente alla luce del sole, «non ho cambiato una virgola» vibra come una promessa mantenuta, un traguardo tagliato. Il clima da vittoria attesa per venticinque anni ci fa scoppiare a ridere entrambi.

«Poi parto in tour per l'Italia; Carlo, ti va di condurre una presentazione a Milano?»

«Certo, così ci rivediamo.»

Quando ricevo il libro, mi colpisce vederlo plasticamente rinato nel 2021, come a segnalare la fine dell'oblio, quasi gridasse: "Eccomi!", ma con un vestito nuovo, al passo coi tempi, attuale perché riscoperto.

Nel proemio Fabio racconta anche la nostra telefonata di convocazione sul set, dal suo punto di vista. Mi piace questo gioco di specchi fra libri, al quale non mi sottraggo. Ma mi sorprendo molto – devo confessarlo, molto – quando leggendo vedo progressivamente, lettera dopo lettera, apparire il mio nome seguito dal mio cognome adagiato lì fra le parole di Cantelli, come se avessi chiesto permesso, mi fossi fatto spazio in punta di piedi nel testo, fossi infine entrato fisicamente nel libro che ho amato, per prendere il fresco il più vicino possibile all'ombra di quelle parole accoglienti.

Mi si monta in testa un rapido videoclip fatto di immagini con una musica che non riconosco: il libro di Cantelli che mi aspetta nella Biblioteca a Coriano pacioso da vent'anni; flashback: Cantelli in carne e ossa che scrive di notte e studia di giorno; flashback sul flashback – una porcata che andrebbe consentita solo nei sogni personali e anche lì con parsimonia – Cantelli, con addosso la t-shirt di David Bowie, nel bel mezzo del suo ciocco violentissimo in cui Muccioli lo deride leggendo pubblicamente i suoi scritti alla comunità riunita in mensa all'urlo di: «Non pubblicherai mai, Fabietto! Chi ti credi di essere?»; flashforward addirittura sulla scena iniziale: io che leggo *La quiete sotto la pelle* sdraiato su un letto d'albergo di Rimini; subito dopo, su un letto identico ma nella stanza due piani sotto, Cantelli vero che si liscia i capelli prima di essere intervistato; Cantelli che mi prende per mano e su mia richiesta mi accompagna a piedi nei luoghi del libro, in quei tempi, in quello stato d'animo, fra quelle pagine, mostrandomi il dicibile con delicatezza ma senza mentire sul sostanziale e lasciando che io mi fermi alla bisogna per soddisfare la mia sete di curiosità; la telefonata tra me e Fabio ripresa da ogni punto di vista, in ogni versione e poi l'ennesimo viaggio in treno di Cantelli verso Rimini alla ricerca di qualcosa che conosce solo per sentito dire; dopo il rilascio della docuserie *SanPa* in tv, l'asta per la ripubblicazione del vecchio testo; Cantelli sorridente che scrive di notte il suo proemio inserendo il mio nome; io che rimango invischiato nel libro che volevo trapassare e credo non mi capiterà mai più; io che sorrido attorniato da lettere giganti, caratteri tridimensionali dietro i quali ripararsi da tutto quel bianco, è l'ultima immagine.

Quando studi tanto una vicenda e cerchi – nonostante l'assurdità dell'intento – di esaurirla in qualche modo, si arriva a un momento che a forza di scavare e chiedere e premere e approfondire e diradare è come se le maglie della storia si allentassero e ti accogliessero facendoti sprofondare nelle proprie viscere. Non è come comparire all'interno della narrazione, per nulla: è come se la pagina scritta diventasse così spessa da poterci affondare e poi abitarla in piedi. È un limbo di latte e parole, un bosco di lettere nere e immagini; vedi senza essere visto. In realtà assisti e apprendi le stesse vicende come se fossi ancora fuori dalla pagina, ma da qui hai una comprensione superiore, ti porti via qualcosa che ti resta, come una sorta di testimone.

Il dibattito sulla serie non si è placato, ancora a maggio leggo opinioni sui giornali e pareri online o partecipo a discussioni. È evidente che abbiamo strappato a forza un grosso cerotto nazionale mostrando la ferita viva che si voleva far credere rimarginata. Perché un intero Paese decide di dimenticarsi di un proprio racconto? Per vergogna? Perché troppo divisivo? Perché il rimosso collettivo è una specie di amnistia e ci lascia, se non privi di sensi di colpa, almeno ufficialmente innocenti?

Oltre a essere pericolosa, questa abitudine temo sia anche molto nostrana. Anche a guardare indietro nella storia. Col fascismo non è andata un po' alla stessa maniera? Eravamo tutti fascisti e da un giorno all'altro siamo diventati tutti partigiani, nessun colpevole, nessun passato da dover mettere in discussione, nessuna comprensione o ammissione degli errori; un colpo di spugna, tana libera tutti, tutti buoni.

A pensarci bene, anche la cinematografia successiva ha di rado tentato di mostrare chi erano realmente i fascisti o di raccontare gli orrori commessi, sempre intenti a far vedere il gerarca come un bonario deficiente, ma nulla in confronto ai veri spietati nazisti. Noi siamo i buoni. I buoni padri che teniamo famiglia.

«Anche dei partigiani hanno sempre raccontato solo il bello!» accolgo la solita obiezione.

«Ma la Resistenza ha vinto!» rispondo. «I partigiani hanno vinto. I fascisti hanno perso, i comunisti erano seduti eletti nell'Assemblea costituente di questa nazione. Hanno scritto la Costituzione. La storia la raccontano i vincitori, lo sappiamo. Certo che hanno nascosto porcherie, nemmeno troppo bene, direi; altrimenti non saremmo qui a parlarne. Ma da quando in qua la storia la si lascia addolcire ai perdenti? O forse i fascisti non hanno perso? Forse hanno vinto anche loro? Tutti buoni, tutti vincitori.»

Dobbiamo continuare a raccontarcela, la nostra storia, maiuscola e minuscola. Zittire le questioni è poco utile e per nulla lungimirante. Serve un terreno comune altrimenti il dialogo è impossibile. La memoria collettiva è ciò che da conviventi dello stesso suolo ci rende comunità, popolo, italiani. In un momento in cui siamo divisi su tutto in tifoserie che sanno solo urlarsi reciproche accuse senza nemmeno più sapere su cosa stanno litigando, guardarsi indietro per scoprire sulla nostra pelle quanto questo atteggiamento sia miope e infine dannoso mi sembra urgente. Una comunità è ciò che fa assieme e la memoria di ciò che è stato fatto, nel bene e nel male.

L'esplosione della pandemia mondiale di Covid-19 spero sia almeno servita a ricordare a ognuno, anche ai più distratti, me compreso, che quando si parla di comunità non si può più intendere la propria città, o nazione, o continente, ma bisogna includere l'umanità tutta.

Nella lunga notte con NinoPanino mi ricordo che a un numero dispari di birre disse: «Staremo mica diventando troppo grandi? Come Sanpa? Le regole che vanno bene per cinquanta milioni di persone non è detto che funzionino per otto miliardi, tutti assieme, tutti d'accordo. È difficile occuparsi di così tante singolarità».

«Pago il prossimo giro e riprendiamo l'argomento appena torno dal gabinetto» ho farfugliato cercando di nascondere l'alba di una sbronza.

Se mi perdonate l'ennesima deformazione professionale, l'idea di fare qualcosa assieme come comunità di quasi otto miliardi di umani, per proteggerci come specie attaccata da altre specie, mi pare molto cinematografica. Infatti è un tema abusato in sceneggiatura, letteratura, ovunque. Però fare parte di questa sorta di cinema in presa diretta, fatto di immagini, narrazioni e aggiornamenti continui, è un'altra storia.

Se poco prima mi avessero mostrato le immagini che tutti noi abbiamo visto, dicendomi: questo è quello che accadrà qui, è un documentario – una lunghissima docuserie – non ci avrei mai creduto. Avrei avuto difficoltà anche solo a immaginare di scriverci un film.

Nel mondo sono finite le scorte di mascherine, serve un lasciapassare per uscire di casa, è obbligatorio tenere le distanze, un metro ma meglio due, c'è molta confusione. Ai negozi già assaliti ora ci sono le code, gli ingressi sono contingentati, blocco di visite mediche importanti, si rimandano anche i tumori, i camion militari di Bergamo per il trasporto di salme in eccedenza che chiunque ha visto e non dimenticherà. Il mondo intero attaccato da un agente esterno, l'umanità che si interroga come specie e cerca il modo per collaborare nonostante i sospetti e le accuse reciproche. Ogni mattina si apre col conteggio dei morti su qualsiasi prima pagina. C'è chi non crede alla pandemia mondiale e anche questo è un virus molto contagioso con gli attuali mezzi di comunicazione. La libertà di movimento fortemente limitata per emergenza sanitaria, gli esercenti che chiudono bottega disperati, l'impossibilità di incontrare chi si vuole, il sapersi tutti infetti o infettabili. La rincorsa a una cura, un vaccino, un qualcosa che ci permetta di dire: «Ehi, un momento, noi siamo i più intelligenti del pianeta, o almeno i più furbi o i più forti, ci sarà un modo per salvarsi il culo anche stavolta?». Ma intanto i parenti non possono nemmeno vedere un'ultima volta i propri cari mentre muoiono né se morti, forse la peste può vantare tale orrido primato. La scuola a casa e il lavoro pure, tutti chiusi nei propri cubicoli privati a guardarsi in videochiamate, chi può e un cubicolo ce l'ha. «È morta la signora del quinto, dopo i tre del terzo piano.» È una frase che non pensavo avrei ascoltato da così partecipe e preoccupato. Il vaccino c'è e pare funzionare. Al momento siamo qui.

A giugno arriva finalmente il mio turno. Andando a fare il vaccino penso a cose semplici e inevitabili: è la mia prima vaccinazione di massa, che poi non è vero, ma gli altri vaccini obbligatori entrano nella nostra routine medica; io non lo so cosa mi stanno iniettando e va bene così, delego a chi nella comunità ha studiato di più; l'aria che si respira è quella di quando si va a votare, si è senza dubbio usciti di casa per quello scopo preciso, si è in un luogo di tutti, ci si scambia sguardi complici per confermarsi "ho fatto il mio dovere, bene che sei qui anche tu a fare il tuo", a prescindere da come la si pensi sul resto; l'immunità di gregge è il nostro obiettivo comune; sopravvivere, ciò che pensiamo senza dirci.

All'hub vaccinale vengo indirizzato da una postazione all'altra da un esercito maturo, protettivo e civile, che ti rende impossibile perderti; se ti affidi, sei salvo. È una bella sensazione.

Dopo la puntura bisogna sedersi un quarto d'ora in

un locale apposito sotto osservazione degli infermieri, nel caso il vaccino provochi reazioni anomale. Siamo distanziati di un metro, a trecentosessanta gradi, una serra gigante con singole sedie piantate come se ognuna avesse molto bisogno di spazio e di aria.

Son passati solo tre minuti, anche se fisso il display del telefonino il tempo non accelera, mi dicono.

«Ma se dovessi star male, che tipo di male arriverebbe per primo?» chiedo a un'infermiera che mi sta offrendo dell'acqua perché sono l'unico che ha alzato la mano quando lei ha urlato a noi piantine in vaso: «Chi vuole acqua? Chi ha bisogno?».

«Io.»

«Cosa si sente?» chiede gentile.

«Ho un lunghissimo elenco mentale, magari...»

«Non appena diviene reale, lei alzi la mano.»

C'è esperienza, lo riconosco.

Annuisco facendo ben capire che sono io in torto e sto facendo perdere tempo al sistema sanitario nazionale e me ne scuso. Continuo a guardarmi intorno costernato mentre si allontana; in realtà cerco alleati ipocondriaci ma non ne scovo. Chi chatta, chi videochiama, chi si scatta selfie, chi video per Instagram, chi fotografa il padiglione da lontano, chi intervista, all'ingresso c'erano pure le telecamere di qualche televisione coi giornalisti. Quanta produzione di materiale, penso. Prima o poi qualcuno la dovrà fare una docuserie sul Covid-19. Immagina quanto materiale potrebbe esserci, fra testimoni, televisioni di tutto il mondo, miliardi di telefonini in mano ad altrettanti cameraman di fortuna ma capillarmente dislocati. Difficile pensare a una storia più comune di quel 2021 in cui tutti gli umani si misero in fila per farsi iniettare un farmaco salvavita contro un virus.

Senza dubbio si potrebbero recuperare milioni di video solo di testimoni diretti che dicono cosa sia stata per loro questa pandemia e come l'hanno affrontata, mentre la affrontano. L'informazione ventiquattr'ore su ventiquattro in molti Paesi del mondo, per più di un anno: saranno decine di migliaia di ore. La copertura di tutte le videocamere di sorveglianza. I social! E potrei proseguire a spaventarmi.

Quando mai è capitato nella storia? Sono anni e anni di visione del solo materiale video a disposizione. Sarà un lavoro infernale. Qualcuno dovrà scegliere. La sola giustapposizione di informazioni e fatti avvenuti, anche se in video, aiuta la documentazione; ma non sono la storia. E soprattutto, senza sintesi, diviene un materiale non processabile per un essere umano con una vita media di ottant'anni.

I miei pensieri da documentarista in erba vengono interrotti dallo squillo del cellulare. Mi chiama l'amica di una signora che sta organizzando un evento a luglio su *SanPa* al quale mi ha chiesto di partecipare e io ho accettato ben volentieri. È da una settimana che chiama almeno un paio di volte nel corso della giornata, perché l'altra signora, la vera organizzatrice, ci tiene molto al volantino.

«Anche se sono io quella che ha lavorato in editoria, ma lascia perdere» si lamenta incompresa.

«Certamente» acconsento complice.

Mi immagino queste battaglie di editing fra anziane che si tirano i capelli nel fango e un po' mi spavento. Ma la signora ha una domanda precisa.

«Senta, ma cosa devo mettere accanto al suo nome? Sceneggiatore? Documentarista? Scrittore? Autore? Drammaturgo? Ho visto che fa anche l'attore e la radio. Forse è un po' esagerato? O indeciso?»

«Ottima domanda. Non saprei.» Ma prima di affogare nel gorgo del dubbio, tento di salvarmi con eleganza. «Non c'è bisogno di mettere tutto. Scelga lei, non è un problema.»

«Ma se lei dovesse dirlo?»

«Non... mmm...»

«Se dovesse dirlo in una parola sola?»

«Amo usare le parole.»

«Ottimo. Perfetto.»

«In realtà sono quattro parole», e non era la risposta, ma ha già attaccato.

30

La consegna

Gianluca mi scrive che la riunione plenaria sulla docuserie crime è spostata al 13 settembre. Ne sono contento perché la consegna di questo libro è fissata per il 12. Rispondo "sì" alla mail di conferma che Calendar manda in automatico.

Parteciperò? Sì. Senza titubanze.

Poi non resisto e nell'incertezza di aver fatto giusto scrivo a Gianluca un'oretta dopo: "Ho risposto sì alla mail, spero ti sia arrivata la conferma della conferma. Io il 13 ci sono, confermo".

Risponde: "Okay. L'avevo visto. Ci siamo mandati due messaggini superflui".

"Tre" gli scrivo in risposta per prenderlo in giro.

Poi torno a pensare che fra dieci giorni devo consegnare questo libro di cui, come sempre, non voglio liberarmi.

Come può chiudersi un romanzo che vuole essere un documentario su uno sceneggiatore che si chiede se e come scrivere una docuserie su una comunità di recupero degli anni Ottanta mentre ne sta scrivendo il diario emotivo e vorrebbe in realtà trasformarlo in uno spettacolo teatrale?

3 settembre

Due giorni fa era l'ottantatreesimo compleanno di mia mamma. Ma oggi sono tornato a trovarla per dirle che nel libro ci sarà anche lei.

«Ci sono abituata. Mi fai sempre fare una figura schifosa. Come l'altra sera con la candelina al ristorante.»

Non è vero.

«Mi mancano ancora due capitoli, mamma. Ma se vuoi te lo do da leggere prima.»

«No, no; tienitelo. Preferisco leggerlo quando è finito, in una volta sola. Tanto se hai deciso di dirle, saranno cose belle. Mica ti ha obbligato nessuno, no?»

«No.»

«Che poi cosa ci vuole a cambiare nome e diventa un romanzo? Metti Arturo al posto di Carlo e dici le stesse cose.»

4 settembre

Per strada incontro una signora vestita di giallo. Mi sembra di riconoscerla. Mi dice: «Sì».

Ci fermiamo.

Mi ha sentito a una presentazione del libro di Cantelli ed è stato bello ascoltarmi parlare. Non vuole una foto, tanto che ci tiene a ribadirlo tre volte. Nemmeno io sono particolarmente interessato e ne ridiamo.

«Devi scrivere», questa è la sua urgenza. «Ascoltarti è utile. Devi scriverne!»

«Ma parlare e scrivere sono due cose diverse» provo a giustificarmi.

«Appunto. Ma la prima l'hai già fatta, ora tocca ripeterlo per iscritto così da poter andare in giro a raccontarlo ad altri a voce. Devi scriverne.»

«Ne sto scrivendo» confesso, «ma la ringrazio del sostegno. Anche lei abita qui?»

«No», e si dissolve fra il giallo di un semaforo e il clacson di un tram arancione, con quel suono metallico e antico che sembra precedere il disastro. *Tleng-tleng-tleng.*

La signora vestita di giallo è ormai mitica nella mia testa e si è guadagnata un enorme cappello dello stesso colore canarino e un autista di nome Ambrogio con baffi, berretto d'ordinanza e un vassoio di cioccolatini. Vaga per la città, anche fuori zona, e dispensa consigli saggi a chi sa coglierli.

5 settembre

«Ma quindi tu hai la fortuna di studiare a lungo e in profondità un tema che scegli e di cui non sai niente? Sei come un detective?» chiede Antonella, parlando del mio lavoro, dopo avermi interrogato su quale nuova storia stia lavorando dopo *SanPa*.

Mi piace "detective", al momento sulla carta d'identità insisto ancora a farmi mettere studente, fra le condivisibili risate dell'ufficio anagrafe del Comune di Milano che vede a schermo la mia data di nascita. Mi sa che la prossima volta ci provo a farmi scrivere detective. Avrei preferito avvocato, ma forse detective mi emoziona di più, e poi non credo che chiedano un diploma da investigatore privato.

«Sei il detective di uno studio legale» rimette a posto tutto con un colpo di magia Antonella, che essendo molto amica di Moreno mi sa che mi conosce bene.

6 settembre

Sento Beniamino che mi deve dire una cosa sulla venticinquesima edizione del Milano Film Festival, ridiamo nel ripensare a quelle notti insonni di giuria litigando sul senso di un'inquadratura, di una battuta, di un gesto, per settimane.

«Ricordi quanto ho dovuto lottare con Germana per convincerti dei documentari, Carlo?»

È proprio vero, lo ricordavo meno precisamente di lui, ma andò così. A vent'anni pensavo che un festival di cinema dovesse occuparsi solo di storie di finzione, sostenevo che non potevo arrogarmi il diritto di giudicare una storia vera dal momento che non la conoscevo anch'io alla perfezione, quindi come capire se me la sta raccontando bene? Mi sembrava un altro tipo di narrazione che necessitasse anche di verifica, quindi un comitato scientifico? Dei giornalisti? I famosi esperti? Vedevo una separazione netta fra generi. Film o documentario; inventato o accaduto. Beniamino, con pazienza, mi ha sgretolato il limite tra finzione e realtà, inondandomi di esempi finché io stesso non ero più in grado di scegliere: è vero? È finto? Cos'è? E poi, grazie a migliaia di opere cortissime e lunghissime di documentaristi che lui difendeva come fossero fratelli di battaglie sanguinose, mi ha fatto innamorare, più che del documentario in sé, direi dell'abitare quel confine sottile fra ciò che è vero e ciò che non lo è, continuando a negarlo o renderlo effimero, quasi stupido.

Poi la sera scrivo ma non mi piace ciò che scrivo. Mi sembra finto.

7 settembre

Cancello il numero di telefono di Marco dal cellulare. Quanti morti avete nella rubrica del vostro telefonino? Io tutti. Mai cancellato uno. Anche quello di Marco alla fine non ce l'ho mica fatta a eliminarlo.

Cancella per sempre? Sì.

Annulla? Certo.

Annulla vuol dire no, giusto?

Devo sempre leggere l'altra opzione per sincerarmene.

L'ho conservato anche stavolta, è lì, non dà fastidio a nessuno, me lo ricorda nei momenti più impensati, quando hai bisogno di parlare con un omonimo, quando devi eliminare spazio, quando scorri la rubrica per verificare con te stesso chi conosci veramente.

Scrivi.

8 settembre

Apro il libro di Cantelli per infilarci una foto di noi due che cerchiamo Stazione Centrale quando ci incontrammo per la presentazione milanese. A pagina 11 leggo: «Passano i mesi, gli anni, i decenni, finché un giorno d'ottobre del 2019 ricevo una telefonata da Carlo Gabardini, uno degli autori di *SanPa. Luci e tenebre di San Patrignano*». A margine, di mio pugno, a matita, ho appuntato: «I cicli narrativi che si chiudono nella realtà sono più sorprendenti di quelli che puoi costruire a tavolino».

Nella foto continuiamo a cercare.

9 settembre

Sto per chiudere gli scatoloni di *SanPa*. Metaforici. Ma anche fisici: quella pila di fogli là, i taccuini, le fotocopie dei libri, le interviste sbobinate e stampate.

Le fotocopie dei libri vanno in uno scaffale a parte o nella libreria al posto del libro che riproducono fotostaticamente? Il mondo non smetterà mai di porre domande.

Un altro limite del materiale solo digitalizzato è che non c'è paragone fra la libidine di posizionare e vedere per sempre due scatoloni in cima a un armadio che espongono a pennarello la scritta urlante SANPA, e la silente mestizia di copiare una cartella nell'hard disk esterno dei lavori fatti.

«Se ti obbligassi ad andare in cantina ogni volta che cerchi un appunto, vedi come ti innamori di nuovo dei file, le cartelle, il cloud!» mi ricorda Moreno, la mia coscienza esterna.

Scrivo.

10 settembre

Mi chiama un produttore che non sento da un po'.

«Quindi adesso scrivi solo documentari e docuserie, Carlo?»

«No, non per forza. Anzi.»

«Però avete aperto un filone, questi hanno un sacco di soldi.»

«Sì, ma stanno molto attenti a come spenderli.»

«Per questo ti chiamo. Senti, io pensavo a delle interviste, già da tempo; poi ho visto il tuo *SanPa* e mi son detto: ecco, giusta la mia intuizione delle interviste ma devono avere la forza di *SanPa*. Dirompenti. Con un tema largo come la droga, per tutti. Che ti incolli al televisore per dieci episodi. E ho pensato: siamo italiani, cosa abbiamo che piace a tutti?»

«Be', in realtà un sacco di cose.»

«No. La pizza! Una docuserie sulla pizza. Intervistiamo pizzaioli ma anche clienti, ristoratori, camerieri, il presidente dell'associazione panificatori, la battaglia fra Nord e Sud, la pizza di Napoli e quella di Milano. Com'è che dite in *SanPa*? Luci e ombre. Ecco, anche la pizza deve avere luci e ombre! Così funziona.»

«Si può giocare con la pizza dentro e fuori dal forno; dentro è in ombra, fra il fuoco e le tenebre, e fuori invece ci sono le luci sfavillanti al neon della pizzeria» lo prendo in giro per mascherare il mio sconcerto e nella speranza che si renda conto da solo dell'inconsistenza della proposta.

E lui: «Bravo, vedi che già la mia idea funziona? Mi butti giù due paginette, Carlo, per domattina?».

Io invece butto giù il telefono. Attacco. Spaventato mi guardo intorno per sincerarmi che nessuno possa essere stato testimone del mio inqualificabile gesto scortese. Sono nel salotto di casa mia, solo, posso dirmi innocente di fronte al tribunale superiore dell'educazione. Mi siedo sul divano a escogitare una *exit strategy* o almeno una battuta che possa salvare il mio personaggio.

"Caduta la linea, ti chiamo in serata" è l'unica cosa che mi viene da scrivere in quel momento, ed è anche tutto ciò che scrivo fino a fine giornata.

11 settembre

Ventennale delle Torri Gemelle. Le storie per essere raccontate hanno bisogno di un tempo di sedimentazione. È finalmente l'ora?

Riscrivo il capitolo penultimo, rileggo e dico no. Correggo. Rileggo e dico dài. Riscrivo. Rileggo.

12 settembre

Scrivo queste parole.

Titoli di coda e ringraziamenti

Ho scritto assieme a Gianluca Neri e Paolo Bernardelli la docuserie *SanPa. Luci e tenebre di San Patrignano*, con l'aiuto di Elena Grillone e Grazia Sambruna. La produzione è 42. La regia è di Cosima Spender, la fotografia di Diego Romero, il montaggio di Valerio Bonelli, le musiche di Eduardo Aram. Tantissime persone hanno lavorato nei trenta mesi di durata di questo progetto e le ringrazio tutte, una per una, Netflix inclusa.

I capitoli 3, 7, 21 e le ultime cinque righe del 17, sono formati da frasi che ho letto pubblicate o che ho sentito pronunciare da testimoni, passanti, tossicodipendenti, medici, amici, nemici, giornalisti, avvocati, questo non ha nessun valore sulla loro veridicità. Sono opinioni e dichiarazioni di terzi e non verità oggettive. Sono dicerie. Sono una sintesi poetica anche per restituire l'effetto del bombardamento subìto indagando questa storia. È una fotografia di ciò che si è detto e si dice, non ha a che fare con alcuna realtà processuale. È finzione basata sui fatti, ma resta finzione.

Marco non è reale. È un insieme di esperienze vissute nelle quali nessuno può riconoscersi personalmente, ma tutti quanti comunitariamente.

Il documentario è un lavoro di squadra, un risultato di tutti. Lo dico per chiarire che questo non è il *making of*, la storia della lavorazione. È ciò che è accaduto a me durante la lavorazione di quello che abbiamo raccontato insieme in un dato e preciso modo. Ci siete tutti, e fate parte del repertorio della mia memoria. Questa è una rielaborazione di quel materiale, un libro che rimette insieme i fili che poi o si sono persi o si sono sciolti nel lavoro comune.

Grazie a tutti i testimoni che hanno raccontato, in qualsiasi forma e maniera, non ultima quella dell'intervista; grazie a quelli che credono che finché uno la ricorda, quella storia non è morta; grazie a quelli che hanno deciso di tornare lì con la memoria a mostrarci ciò che potevano, anche perché a tutti quelli che per scelta o per assenza non ce l'hanno fatta a raccontarla è dedicato il libro intero.

Grazie a chi ha deciso di parlarci della propria dipendenza, perché lo stigma che si portano gli ex tossici è molto duraturo e resistente.

Grazie a coloro che hanno guardato *SanPa* accordandoci il privilegio di accantonare i loro pregiudizi. E a tutti quelli che hanno detto o scritto di *SanPa* dopo l'uscita, perché mentre cercavo di convincermi che oltre alla serie fosse superfluo aggiungere altro, mi hanno quotidianamente e con argomenti sempre più sorprendenti convinto del contrario.

Ringrazio Sabrina Annoni, Carlo Carabba e tutta HarperCollins per averci creduto. Carlo, che al momento in cui scrivo non ho ancora mai incontrato dal vivo, è stato una voce importante nelle cuffie che con un riserbo d'altri tempi mi ha guidato e spronato a fidarmi di me stesso; lucido e sereno si è aggiunto alle mie innumerevoli voci interiori, ma trovando un posto buono.

Ringrazio Oscar Alicicco, bravissimo editor, che mi ha messo – sotto forma di "Io" – in prima posizione ogni volta che mi trovavo in compagnia di un altro nome, nonostante per imposizione educativa io mi porrei sempre in coda – ed io – ho così capito che in editoria la D eufonica è molto più malvista della maleducazione. Ne approfitto contestualmente per chiedere scusa a coloro che dovessero in un elenco scoprirsi scalzati dalla prima posizione dal mio nome, spiegando che ciò avviene contro la mia volontà solo per inderogabili motivi editoriali.

Grazie a Mauro Pellegrini, Gabriella Riso, Riccardo Tordoni, la mamma, le sorelle, i fratelli, i dieci nipoti.

Grazie a Moreno perché senza di lui la vita sarebbe insopportabile.

Indice

IO (PRIMA)

NOI (DURANTE)

TUTTI (DOPO)

Questo volume è stato stampato nel gennaio 2022
presso Grafica Veneta – Trebaseleghe (PD)